辽宁省科技创新区域竞争力分析

申玉明 等 编著

·北京·

图书在版编目（CIP）数据

辽宁省科技创新区域竞争力分析 / 申玉明等编著. —北京：科学技术文献出版社，2019.9
ISBN 978-7-5189-5949-5

Ⅰ.①辽… Ⅱ.①申… Ⅲ.①技术革新—关系—区域发展—竞争力—研究—辽宁 Ⅳ.① F124.3 ② F127.31

中国版本图书馆 CIP 数据核字（2019）第 183238 号

辽宁省科技创新区域竞争力分析

| 策划编辑：崔　静　责任编辑：马新娟　李　鑫　责任校对：文　浩　责任出版：张志平 |

出　版　者	科学技术文献出版社
地　　　址	北京市复兴路15号　邮编 100038
编　务　部	（010）58882938，58882087（传真）
发　行　部	（010）58882868，58882870（传真）
邮　购　部	（010）58882873
官方网址	www.stdp.com.cn
发　行　者	科学技术文献出版社发行　全国各地新华书店经销
印　刷　者	北京虎彩文化传播有限公司
版　　　次	2019 年 9 月第 1 版　2019 年 9 月第 1 次印刷
开　　　本	787×1092　1/16
字　　　数	161千
印　　　张	9.5
书　　　号	ISBN 978-7-5189-5949-5
定　　　价	98.00元

版权所有　违法必究

购买本社图书，凡字迹不清、缺页、倒页、脱页者，本社发行部负责调换

作者简介

申玉明

辽宁省重要技术创新与研发基地建设工程中心-辽宁省科学技术情报研究所，研究员级高级工程师，国家级信息分析师及教授级信息分析师教师。主要从事数据库研建、竞争情报分析研究、大数据挖掘分析研究、信息素质教育、创新方法&TRIZ理论研究、信息检索分析与应用研究等工作。先后主持、参与国家级及省部级科技计划项目20余项，并取得了多项科技成果。

编著者名单

申玉明　马伟群　张　静　李　鸥
白　玲　杜　峰　王维东

序　言

　　经济全球化与区域经济一体化是生产力和科学技术发展的必然结果。对于我国来说，经济全球化既是机遇也是挑战，首先它加速了我国对外开放的步伐，也为我国的科技、经济、市场快速发展提供了参考和借鉴。同时，它也是一把双刃剑，它是一场以发达国家为主导，以跨国公司为主要动力的世界范围内的产业结构调整，这给我国原有的民族产业发展带来了威胁，面对这种威胁，适时制定产业结构调整的思路、战略和目标，以"稳增长、促改革、调结构、惠民生、防风险"为目标，以"去库存、去产能、去杠杆"为手段，以供给侧结构性改革为宗旨，加速调整我国原有的产业结构，以便更好、更快地融入世界经济一体化进程中。

　　为了适应经济全球化与区域经济一体化，在制定产业结构调整战略初期，要因地制宜，结合区域特色与优势，以科学大数据为依据，制定科学、合理的未来发展战略方案，加速提升区域综合竞争力。

　　辽宁省重要技术创新与研发基地建设工程中心的辽宁省科学技术情报研究所一直致力于科技信息的采集、分析、加工、整理与研究等工作，通过整合人才与资源优势，组建专家团队，开展区域竞争力分析研究工作，编著《辽宁省科技创新区域竞争力分析》一书。该书以科学大数据为基础，系统地对全国31个省（区、市）（不含港澳台）从区域创新环境、区域创新体系、区域创新能力、区域创新效能4个方面进行了横向竞争力对比分析，找出自身的优势和短板，并给出可供参考的分析结论和建议，为区域科技创新战略制定提供支撑保障。

衷心希望辽宁省重要技术创新与研发基地建设工程中心的辽宁省科学技术情报研究所以此为契机，全力提升自身的信息素养和信息分析能力，为区域供给侧结构性改革和区域内企业科技创新过程提供高质量的、科学的参考建议。

辽宁省重要技术创新与研发基地建设工程中心副主任　高　炜

前　言

科技兴则民族兴，科技强则国家强。科技创新是一个民族进步的灵魂，是一个国家兴旺发达的不竭动力，也是中华民族最深沉的民族禀赋。科技创新是提高社会生产力、提升国际竞争力、增强综合国力、保障国家安全的战略支撑。在科学技术飞速发展的今天，创新意识和创新能力越来越成为一个国家国际竞争力和国际地位最重要的决定因素。为了在竞争中赢得主动，只有依靠科技创新才能提升国家的综合国力和核心竞争力。

我国把推进自主创新、建设创新型国家作为国家战略发展的一项重大决策。建设创新型国家是一个庞大的体系工程，作为国家创新体系的子系统，区域创新牵动着国家创新的神经，因此，提升区域创新能力、增强区域竞争力是建设创新型国家的基础。辽宁作为东北老工业基地之一，传统产业面临资源枯竭、能耗高、经济效益差等问题。经济转型、产业结构调整、可持续发展是辽宁地区未来发展的重中之重。创新驱动的区域发展战略是区域经济可持续发展的必经之路，在创新驱动的背景下，依靠科技进步和新兴产业推动，将是地方经济总量持续增长的关键。因此，发展新兴产业、打好新兴产业创新的基础、坚持供给侧结构性改革是提升区域未来竞争力的核心。

"知己知彼，百战不殆"，分析一个国家（地区）竞争力主要涉及国家（地区）总体竞争力、科技竞争力、产业竞争力、企业竞争力。科技竞争力是一个国家（地区）在发展和竞争过程中同其他国家（地区）相比较所拥有科技资源、科技实力及科技潜力等方面的综合实力。科技竞争力不仅综合反映了一个国家（地区）科技实力及科技发展的总体水平和发展潜力，更是综合评价一个国家（地区）竞争力的重要指标。通过对科学大数据系统分析，了解自己和"竞争对手"，才能找准定位、找准对标，制定出科学、合理的发展战略。

本书以近期国家和地方统计局官方数据为依据，以辽宁为基点，从科技创新体系构建、国内生产总值（GDP）、研究与试验发展（R&D）经费、人口、科研机构等方面，将辽宁省与国内其他30个省（区、市）（不含港澳台）进行了对比统计分析，了解区域经济和科研投入的现状。同时利用国家专利局出版社发布的中国专利数据库，采用先进的竞争情报分析理论和科学的专利分析工具及方法，对2009—2018年辽宁省与国内其他

30个省（区、市）（不含港澳台）及辽宁省内14个地级市之间的专利信息进行了申请量、公告量（授权量）、专利密度、专利强度、专利效率、人均占比、优势产业及辽宁地区专利海外布局等系统的对比分析，了解辽宁地区创新能力和创新投入产出在全国所处的位置及辽宁省内14个地级市间竞争力对比状况，发现问题，找出差距，并对优势和短板进行了系统的评价，提出了以企业为主体，以人才为根本，打造科技创新环境、提升科技创新文化、建设科技创新体系、激励科技创新精神、破解创新过程中的瓶颈等建议，为加速辽宁迈入创新型地区行列、制定可持续发展战略决策提供科学、可靠的参考依据，为我国实现创新型国家做出新的贡献。

本书由6位多年从事科技情报研究工作的专业人员合作完成，他们是申玉明、马伟群、张静、李鸥、白玲、杜峰、王维东。其中，申玉明负责全书的整体统筹策划和统稿工作。本书共分为5章，各章编撰如下：第1章和第2章主要叙述的是区域总体创新环境比较分析，由张静执笔，杜峰和王维东协助数据采集和分析；第3章和第4章以国家知识产权局专利出版社出版的中国专利及Orbit世界专利数据库为依据，以专业的专利分析工具为手段，从多维度比较分析了区域间创新能力，主要由李鸥执笔，马伟群和白玲协助整理分析；第5章是对前面章节的概括和总结，针对辽宁地区科技创新竞争力存在的问题提出了合理化建议，本章由全体编者经过多次论证、研讨，最后由申玉明执笔完成。

本书采用了国内外权威的专利数据库及国家和地方统计局官网发布的数据（文中对应用数据来源及引用著述大部分都有标注，但仍有遗漏之处，请多包涵），按照制定的分析路线图及设计框架，对数据进行清洗、整理、分析，但由于数据来源渠道不同，有些统计数据可能存在一些出入，敬请谅解。另外，本书由多位编者撰写，行文方式存在不完全统一情况，尽管我们尽力校正，仍有不当之处，敬请广大读者指正。

申玉明

2019年6月18日

目 录

第 1 章　辽宁省科技创新环境概述 ··· 1
　第 1 节　辽宁省科研基础自然概况 ··· 1
　第 2 节　辽宁省科技创新体系建设 ··· 2
　本章小结 ··· 27

第 2 章　全国 31 个省（区、市）（不含港澳台）科技创新环境对比分析 ··· 28
　第 1 节　全国 31 个省（区、市）（不含港澳台）国内生产总值（GDP）
　　　　　对比分析 ··· 28
　第 2 节　全国 31 个省（区、市）（不含港澳台）人均 GDP 对比分析 ········ 31
　第 3 节　全国 31 个省（区、市）（不含港澳台）研究与试验发展（R&D）
　　　　　经费对比分析 ·· 35
　第 4 节　全国 31 个省（区、市）（不含港澳台）研究与试验发展（R&D）
　　　　　经费投入强度对比分析 ··· 40
　第 5 节　全国 31 个省（区、市）（不含港澳台）院士工作地分布对比分析 ··· 42
　第 6 节　全国 31 个省（区、市）（不含港澳台）主要科研机构对比分析 ····· 45
　本章小结 ··· 54

第 3 章　基于专利的区域科技创新竞争力对比分析 ··························· 56
　第 1 节　全国 31 个省（区、市）（不含港澳台）专利申请情况分析 ········ 57
　第 2 节　全国 31 个省（区、市）（不含港澳台）专利授权情况分析 ········ 64
　第 3 节　全国 31 个省（区、市）（不含港澳台）专利密度对比分析 ········ 69
　第 4 节　全国 31 个省（区、市）（不含港澳台）专利强度对比分析 ········ 71
　第 5 节　全国 31 个省（区、市）（不含港澳台）专利效率对比分析 ········ 73
　第 6 节　基于辽宁省部分特色产业专利申请量与其他地区对比分析 ·········· 75
　本章小结 ··· 76

第 4 章　基于专利的辽宁省科技创新区域竞争力现状分析 ············ 77
第 1 节　辽宁省各地级市专利情况分析 ············ 77
第 2 节　辽宁省技术领域分布情况 ············ 85
第 3 节　辽宁省专利申请量排名居前 10 位的申请人构成分析 ············ 94
第 4 节　辽宁省专利运营情况分析 ············ 124
第 5 节　辽宁省区域专利海外布局情况分析 ············ 130
本章小结 ············ 134

第 5 章　辽宁省科技创新区域竞争力分析结论和对策建议 ············ 135
第 1 节　分析结论 ············ 135
第 2 节　对策建议 ············ 136

参考文献 ············ 139

第1章
辽宁省科技创新环境概述

第1节　辽宁省科研基础自然概况

辽宁省位于中国东北地区，南濒黄海、渤海，西南与河北省接壤，西北与内蒙古毗连，东北与吉林省为邻，东南以鸭绿江为界与朝鲜隔江相望，地势大致为自北向南、自东西两侧向中部倾斜，山地丘陵分列东西两厢，向中部平原下降，呈马蹄形向渤海倾斜，由山地、丘陵、平原构成，地跨辽河、浑河、大凌河、太子河、绕阳河、鸭绿江六大水系，属温带大陆性季风气候。辽宁省总面积14.8万平方千米，简称"辽"，是中华人民共和国省级行政区，省会沈阳。辽宁省共辖14个地级市，分别是沈阳、大连、鞍山、抚顺、本溪、丹东、锦州、营口、阜新、辽阳、盘锦、铁岭、朝阳和葫芦岛，59个市辖区、16个县级市、17个县、8个自治县（合计100个县级行政区划单位）。

辽宁省2018年年末常住人口4359.3万人，实现地区国内生产总值（GDP）25 315.4亿元，全年科学研究与试验发展（R&D）经费支出为438.2亿元，R&D投入占GDP比重为1.7%，中国专利申请总量（数据来源：国家知识产权出版社1985年9月10日至2019年6月10日统计数据）为469 089件（其中，发明专利197 320件，实用新型231 429件，外观设计40 340件），其中发明授权量为59 365件。

创新型产学研机构快速发展，截至2018年年末，辽宁省高新技术企业总数达到3714家，科技型中小企业超过4500家，科研机构总数超过1700个，普通高等院校115所，国家级重点实验室19家，国家级工程技术研究中心12家，省级重点实验室491家，省级工程技术研究中心709家，这些研究机构涵盖交通、能源、新材料、信息、林业、生态环境、农产品加工及装备、种植业、资源利用、卫生与健康等领域，标志着辽宁省在国内上述研究领域具有较强的基础和科研实力，对扩大相关产业规模和影响力、加快科研成果产出和转化具有重要的意义。

辽宁省科技创新区域竞争力分析

科技人才队伍不断发展壮大，2018年年末，全省从事科学研究与试验发展（R&D）人员达到14.7万人，全省共有两院院士52人，长江学者101人，入选国家"万人计划"135人，百千层次人才6200余人。

辽宁有着较好的工业基础，在原有的以装备制造业、冶金、石化、农产品构成的四大支柱产业基础上，确定了包括先进装备制造业、新能源产业、新材料产业、新医药产业、信息产业、节能环保产业、海洋产业、生物育种产业和高技术服务业九大类新兴产业。近年来，辽宁省政府非常重视科技创新的文化与环境的建设，大力推进国际科技合作，引进国际科技项目，推进先进适用技术成果转化，与"一带一路"沿线国家开展国际科技创新合作，举办"东博会""海创周"，签订了多个国际科技合作协议，联合共建研发平台，吸引了英特尔、IBM等一批外企研发机构入驻。

在高科技创新领域方面，辽宁开发出生物基聚酰胺纤维、500千克六轴工业机器人，攻克了金属材料表面纳米化技术，建设了沈阳智能制造、大连软件、鞍山激光、本溪生物医药等区域创新高地和科技特色产业集群。国产航空母舰、航母舰载机、30万吨超大型原油轮、万箱级集装箱船、i5智能机床、12英寸集成电路PECVD薄膜设备等，从传统工业到新兴产业、从军用到民用，"大国重器"在提升辽宁科技创新区域竞争力的道路上，抒写着"共和国装备部"新的篇章，为"中国制造"增添新的动力。

为进一步提升辽宁科技创新区域竞争力，省政府提出了具体的规划，即：我们将坚持以习近平新时代中国特色社会主义思想为指导，牢牢把握科技革命大方向、产业变革大趋势、人才集聚大举措，坚定实施创新驱动发展战略，以培育壮大新动能为重点，加快推进辽宁实现高质量发展。到2020年，基本建成创新型省份，全省研究与试验发展（R&D）经费支出占地区国内生产总值（GDP）的比重达到2.3%，科技进步对经济增长的贡献率达到57.5%；到2030年，将辽宁省建成重要技术创新与研发基地；到2050年，建成科技创新强省。

第2节　辽宁省科技创新体系建设

科技创新体系是由以科学研究为先导的知识创新体系、以标准化为轴心的技术创新体系和以信息化为载体的现代科技引领的管理创新体系三大体系构成，在知识社会新环境下3个体系相互渗透，互为支撑，互为动力，推动着科学研究、技术研发、管理与制度创新的新形态。

第1章
辽宁省科技创新环境概述

科技创新涉及政府、企业、科研院所、高等院校、国际组织、中介服务机构、社会公众等多个主体，包括人才、资金、科技基础、知识产权、制度建设、创新氛围等多个要素，是各创新主体、创新要素交互作用下的复杂涌现现象和系统。

一个科学、合理的科技创新体系，是支撑这个地区科技创新的必要保障。目前，辽宁省创新能力与其他先进省份相比还是相对落后的，根据"中国科技发展战略研究院"以科技创新环境、科技活动投入、科技活动产出、高新技术产业化、科技促进经济社会发展设置的5个一级指标评估发布的《中国区域创新能力评价报告2018》中的相关数据显示，辽宁省区域创新能力综合效用值为22.44，在全国31个省（区、市）（不含港澳台）中排名第17位，已经连续几年排名下滑。报告中我国的综合科技创新水平指数得分为69.63，而辽宁的综合科技创新水平指数得分为60.55，在全国31个省（区、市）（不含港澳台）中排名第14位，与处于全国领先位置的北京、上海、天津、广东、江苏和浙江6个省市排名差距较大。辽宁省总体创新能力虽仍保持在全国中游，但与发达地区相比，由于持续创新资源配给、创新环境建设和科技成果转化等创新体系建设相对投入力度不大，故整体的创新能力呈现出下滑趋势。

为此，我们根据目前辽宁省科技创新体系建设具体情况，从地方的科技创新政策法规、产业布局、重点工业产业集群分布、科技创新研究机构分布、高等院校分布、高新技术企业、科技创新人才队伍等方面对辽宁省科技创新体系建设现状进行分类概述。

一、辽宁省推出科技创新政策法规

科技创新政策是营造创新环境和激发创新活力的重要手段，目前辽宁省正处于落实创新驱动发展战略的关键时期，需要不断完善和优化科技创新政策体系，充分发挥科技创新政策对区域科技创新环境营造和创新激励的作用。辽宁省政府提出了从实施"科技兴辽""科教兴省"到实施"科技强省"战略，从"坚持科学技术是第一生产力"到"把科技创新作为实现辽宁全面振兴的主要动力"，从"开拓技术市场"到"面向经济建设主战场"等一系列方针政策。省委、省政府及相关部门围绕推进科技创新体系建设，先后出台了50多个相关政策性文件，有待全省科技创新的各个环节形成有机衔接。

在促进科技成果转化方面，省政府先后出台了《关于进一步促进科技成果转化和技术转移的意见》（辽政发〔2015〕55号）、《关于进一步做好促进科技成果转化和技术转移工作的通知》（辽政发〔2016〕34号）和《辽宁省科技成果转化成绩优异人员专业技术资格评定暂行办法》等政策性文件。

在加强创新平台建设方面，先后出台了《辽宁省人民政府关于建设沈大国家自主创新示范区的实施意见》（辽政发〔2016〕46号）、《辽宁省人民政府关于加快高新技术产业开发区发展的意见》（辽政发〔2013〕24号）、《关于加快构建大众创业万众创新支撑平台的实施意见》（辽政发〔2016〕16号）、《关于辽宁省建设众创空间的实施意见》（辽科发〔2015〕40号）、《辽宁省产业技术创新综合服务平台认定管理办法》（辽科发〔2015〕60号）和《辽宁省大学科技园管理办法》（辽科发〔2013〕12号）等。

在优化创新资源配置方面，先后出台了《辽宁省科学技术厅辽宁省财政厅关于实施科技创新券制度的若干意见（试行）》（辽科发〔2015〕28号）、《辽宁省科技计划项目管理办法》（辽科发〔2015〕46号）、《辽宁省产业（创业）投资引导基金管理办法（试行）》、《辽宁省产业（创业）投资引导基金直接投资管理办法（试行）》（辽政办发〔2016〕48号）和《关于加快发展科技金融推进科技创新实施意见》（辽政办发〔2013〕38号）等。

在推进企业成为创新主体方面，先后出台了《关于加强校企协同创新联盟建设的实施意见》（辽政办发〔2016〕64号）、《辽宁省人民政府办公厅关于加快众创空间发展服务实体经济转型升级的实施意见》（辽政办发〔2016〕88号）、《辽宁省产业技术创新战略联盟试点认定管理办法》（辽科发〔2015〕46号）和《关于印发推进地方国有大中型工业企业科技创新重点工作的意见的通知》（辽国资办〔2013〕2号）等。

在发挥高等院校、科研院所作用方面，先后出台了《辽宁省人民政府办公厅关于促进高等院校创新创业工作的实施意见》（辽政办发〔2016〕65号）、《关于加强校企协同创新联盟建设的实施意见》（辽政办发〔2016〕64号）、《关于在辽宁省高等学校建立技术转移中心的通知》（辽教发〔2013〕50号）和《辽宁省人民政府关于进一步促进产学研合作工作的意见》（辽政发〔2012〕34号）等。

在加强知识产权保护方面，先后出台了《辽宁省人民政府关于新形势下加快知识产权强省建设的实施意见》（辽政发〔2016〕45号）、《关于加强战略性新兴产业知识产权工作实施意见》（辽政办发〔2012〕64号）等。

在发展科技服务业方面，先后出台了《辽宁省人民政府办公厅关于印发落实国务院加快科技服务业发展若干意见任务分工实施方案的通知》（辽政办发〔2015〕85号）、《辽宁省科技小额贷款公司暂行管理办法》（辽金办发〔2013〕1号）、《关于加快发展科技金融推进科技创新实施意见》（辽政办发〔2013〕38号）、《关于推进大众创业万众创新若干政策措施的通知》（辽政发〔2015〕61号）等。

在科技创新人才队伍建设方面，先后出台了《辽宁省科技成果转化成绩优异人员专业技术资格评定暂行办法》（辽人社〔2016〕272号）、《关于发展众创空间推进大众创新创业的实施意见》（辽政办发〔2015〕94号）等。

二、辽宁省产业布局

（一）辽宁省三大产业占比情况

目前关于产业划分，世界各国不完全一致，但基本划分为三大类：第一产业、第二产业和第三产业。我国将三大产业划分为农业、工业和服务业。

辽宁省截至2018年年底，全年地区国内生产总值25 315.4亿元，比上年增长5.7%。其中，第一产业增加值2033.3亿元，增长3.1%；第二产业增加值10 025.1亿元，增长7.4%；第三产业增加值13 257.0亿元，增长4.8%。全年人均地区国内生产总值58 008元，比上年增长5.9%，具体占比详见图1-1。

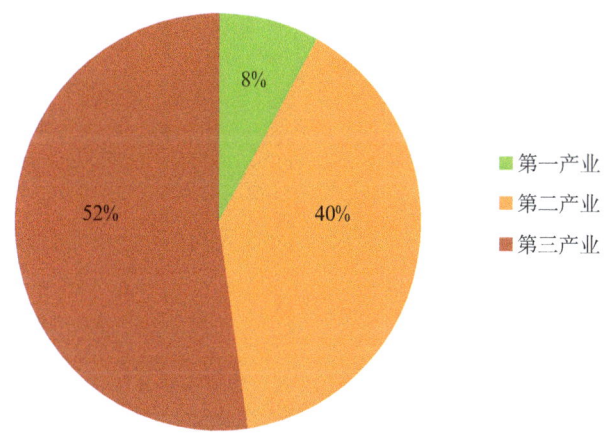

图1-1　辽宁省2018年三大产业增加值占比

作为辽宁省支柱产业之一的农业，2018年第一产业（农业）占全省国内生产总值的8%，2018年全年粮食作物播种面积348.40万公顷，经济作物播种面积72.31万公顷；全年粮食总产量2192.4万吨，油料产量78.1万吨，蔬菜及食用菌产量1852.3万吨，水果产量788.9万吨；全年造林作业面积16.80万公顷；全年猪、牛、羊、禽肉产量374.7万吨；全年水产品产量（不含远洋捕捞）452.6万吨。由于市场需求，渔业和牧业成为推动第一产业结构变化的主要力量。

以工业和建筑业为主的第二产业是辽宁省重要的支柱产业。2018年第二产业占全省国内生产总值（GDP）的39.6%。全年规模以上工业增加值比上年增长9.8%。其中，国有控股企业增加值增长8.9%，集体企业增加值增长5.0%，股份制企业增加值增长9.7%，外商及港澳台商投资企业增加值增长10.8%。从门类上看，全年规模以上采矿业增加值比上年下降0.7%，制造业增加值增长10.9%，电力、热力、燃气及水生产等民生供应业增加值增长8.0%。从行业上看，全年规模以上装备制造业增加值比上年增长9.4%，占规模以上工业增加值的比重为27.4%。其中，计算机、通信和其他电子设备制造业增加值增长30.0%，专用设备制造业增加值增长11.6%，汽车制造业增加值增长10.2%，通用设备制造业增加值增长3.3%。全年规模以上石化工业增加值比上年增长15.1%，占规模以上工业增加值的比重为30.5%。全年规模以上冶金工业增加值比上年增长7.0%，占规模以上工业增加值的比重为15.9%。

以服务业为主的第三产业，2018年占全年国内生产总值的52.4%，已经成为全省三大产业中占比最高的产业，从第三产业的构成上看，传统服务业，如批发、零售、交运仓储、邮政、住宿、餐饮等，仍然是辽宁省第三产业的重要组成部分和占比最大的部分。

（二）辽宁省地级市产业分布情况

一个地区的产业规划和产业发展，牵动着该地区的国内生产总值（GDP）变化。辽宁省近几年的经济发展呈现出巨大的地区差异，沈阳和大连两市的GDP占到全省的一半以上，而阜新和铁岭两市占全省的比重较低，辽宁省各地级市2017—2018年GDP对比及2018年排名，见表1-1。

表1-1　2017—2018年辽宁省各地级市国内生产总值（GDP）统计

排名（2018）	地区	GDP总量/亿元 2018年	GDP总量/亿元 2017年	递增率
1	大连市	7668.50	6989.80	9.71%
2	沈阳市	6292.40	5784.70	8.78%
3	鞍山市	1751.10	1613.10	8.55%
4	营口市	1346.70	1270.50	6.00%
5	盘锦市	1216.60	1087.20	11.90%
6	锦州市	1192.40	1077.50	10.66%
7	抚顺市	1048.80	949.90	10.41%
8	辽阳市	869.70	762.90	14.00%
9	朝阳市	831.40	762.70	9.01%

续表

排名（2018）	地区	GDP 总量/亿元		递增率
		2018 年	2017 年	
10	本溪市	823.10	777.10	5.92%
11	丹东市	816.70	787.00	3.77%
12	葫芦岛市	812.80	717.90	13.22%
13	铁岭市	616.60	594.50	3.72%
14	阜新市	446.00	409.10	9.02%

为了缩小区域间经济增长不平衡的矛盾，发挥地区特色支柱产业优势及地域优势，科学合理地对各地市产业结构布局调整，形成上下游产业链配套的集约化产业集群，促使区域间的产业关联关系日渐紧密。目前全省各地级市产业分布状况如下。

1. 电子信息产业

①集成电路芯片制造、封装测试（沈阳市、大连市）；

②集成电路专用设备及硅片、靶材等核心材料（大连市、阜新市、辽阳市）；

③阻容元件、磁感元器件、频率元器件、电力电子器件、光电子器件、敏感元器件及传感器等新型电子元器件（沈阳市、大连市、鞍山市）；

④有机发光二极管（OLED）（沈阳市、大连市、鞍山市）；

⑤大数据服务与交易服务、行业大数据成套解决方案及系统安全可靠软件（沈阳市、大连市）；

⑥智能可穿戴、智慧家庭、智能车载终端、智慧医疗健康、智能无人系统等产品（沈阳市、大连市、鞍山市）；

⑦5G、IPv6、SDN 和 NFV 等下一代网络设备研发制造（沈阳市、大连市）；

⑧高性能计算机、高端服务器、大型模拟仿真系统、大型工业控制机及控制器（沈阳市、大连市）；

⑨云服务应用软件（沈阳市、大连市）；

⑩工业互联网应用软件（沈阳市、大连市）。

2. 轻工产业

①木质家具、塑料家具、金属家具、功能性木质材料（沈阳市、大连市、朝阳市）；

②塑料异型材及门窗制品（沈阳市、大连市）；

③特种纸、生活用纸、纸制品（沈阳市）；

④皮革鞣制、皮革制品、毛皮鞣制及制品、制鞋（大连市、辽阳市、阜新市、沈阳市）；

⑤乐器（大连市）；

⑥紫砂陶系列高档产品（朝阳市）；

⑦高效照明产品（沈阳市）；

⑧特种表面活性剂（沈阳市、大连市、阜新市、辽阳市、盘锦市）；

⑨农用塑料、塑料节水器材（沈阳市）；

⑩塑料新型供水管材和管件（沈阳市）；

⑪生物可降解塑料制品（沈阳市、盘锦市）。

3. 纺织

①生物质纤维、麻纤维、柞蚕丝等天然纤维及制品（丹东市、阜新市、铁岭市）；

②多种纤维混纺纱线、高品质纱线（大连市、阜新市）；

③高品质面料机织与针织纺织品（沈阳市、葫芦岛市、阜新市）；

④高品质纺织面料（鞍山市、营口市、沈阳市、阜新市、大连市）；

⑤高品质家用纺织品（沈阳市、阜新市、辽阳市、朝阳市、大连市）；

⑥泳装、运动户外服装等品牌服装服饰（大连市、葫芦岛市、鞍山市、丹东市、营口市）；

⑦产业用纺织品（沈阳市、阜新市、大连市）；

⑧功能性/差别化涤纶、锦纶等化学纤维（沈阳市、丹东市、葫芦岛市、阜新市、辽阳市）。

4. 医药

①化学原料药（阜新市、锦州市）；

②化学药品制剂（沈阳市、大连市、阜新市、本溪市）；

③中成药（沈阳市、本溪市）；

④生物药品（沈阳市、大连市、本溪市）；

⑤基因工程药物和疫苗（沈阳市、大连市、本溪市）；

⑥卫生材料及医药用品（沈阳市、大连市、本溪市、葫芦岛市）；

⑦药用辅料及包装材料（沈阳市、大连市、阜新市）；

⑧医疗仪器设备及器械（沈阳市、大连市、本溪市）。

5. 食品

①畜禽、水产品深加工（大连市、丹东市、锦州市、阜新市、朝阳市）；

②蔬菜深加工（沈阳市、大连市、阜新市、铁岭市、朝阳市）；

③饲料用蛋白粉/胚芽粕、纤维饲料/配方饲料等畜禽饲料（沈阳市、大连市、阜

新市）；

④淀粉深加工及发酵制品（沈阳市、大连市、锦州市、阜新市）；

⑤玉米油、花生油、米糠油等粮油加工，稻壳、米糠、麸皮、胚芽、饼粕等粮油加工副产物综合利用（沈阳市、大连市、锦州市、盘锦市、阜新市）；

⑥食（药）用菌培育和精深加工（沈阳市、大连市、抚顺市、本溪市、阜新市）；

⑦低温肉制品（抚顺市、阜新市、铁岭市）；

⑧特色果蔬汁饮料、谷物饮料、植物蛋白饮料（大连市、抚顺市、本溪市、锦州市、阜新市）；

⑨液体乳、乳粉等乳制品（大连市、阜新市）；

⑩大豆异黄酮（大连市、阜新市）；

⑪辽人参、辽五味、辽细辛、刺五加、林蛙、鹿茸、菊苣粉、灵芝粉等特色功能食品和饮品（大连市、本溪市、阜新市）。

6. 有色金属

①铝压延加工（营口市、辽阳市、盘锦市）；

②镁合金材料压延加工（沈阳市、营口市）；

③钛及钛合金加工材（沈阳市）；

④铜压延加工（沈阳市）。

7. 化工产业

①高效环保催化剂（沈阳市、大连市、阜新市）；

②环保型油品添加剂（沈阳市、阜新市、辽阳市）；

③环保型水处理剂（阜新市）；

④高效减水早强剂、混凝土泵送剂、混凝土膨胀剂（阜新市）；

⑤电子化学品（大连市、阜新市）；

⑥环保型胶黏剂（抚顺市、阜新市）；

⑦高端氟化工产品（阜新市）；

⑧硼精细化工品、含硼新型材料（大连市、铁岭市、丹东市）；

⑨乙烯、丙烯、碳四深加工产品（大连市）；

⑩不含致癌芳胺的染料、颜料和绿色涂料（大连市、鞍山市、阜新市）；

⑪绿色农药新品种、新制剂（大连市、阜新市、葫芦岛市、营口市）。

8. 钢铁产业

核电、火电、石化用高性能钢管（沈阳市、鞍山市、阜新市）。

9. 建材产业

①新型环保建筑墙体屋面材料和装饰材料，协同处置城市污泥，建筑垃圾等废弃物的烧结新型墙体及道路用建筑材料，烧结制品制造的部品及部件（沈阳市、本溪市、铁岭市、朝阳市、葫芦岛市）；

②岩棉制品、泡沫玻璃、泡沫陶瓷等高性能外墙防火保温材料（沈阳市、朝阳市）；

③复合绝热材料、隔音材料、防水材料、密封材料（沈阳市、铁岭市、朝阳市）；

④菱镁矿、膨润土、滑石、硅灰石、石英、珍珠岩等非金属矿加工及制品（丹东市、朝阳市、葫芦岛市、鞍山市、营口市）。

10. 汽车产业

①汽柴油车整车（沈阳市、大连市、阜新市、铁岭市、朝阳市）；

②专用及改装汽车（沈阳市、大连市、阜新市、铁岭市、朝阳市）；

③汽车用发动机（沈阳市、大连市、阜新市、铁岭市、朝阳市）；

④变速器总成（沈阳市、大连市、鞍山市、辽阳市、朝阳市）；

⑤新能源汽车电池、电机、电控等关键零部件（沈阳市、大连市、盘锦市、铁岭市、朝阳市）；

⑥车辆控制设备（沈阳市、大连市、阜新市、铁岭市、朝阳市）。

11. 新材料

①铁基/镍基等超纯合金、高强铝合金、高强韧钛合金、镁合金（沈阳市、辽阳市、营口市、朝阳市、葫芦岛市）；

②新型塑料包装材料、特种工程塑料、塑木复合材料、塑料合金、塑料土工材料及制品（沈阳市、大连市、朝阳市）。

三、辽宁省重点工业产业集群分布

产业集群是现代经济发展中的经济组织形式，是区域经济发展的主要驱动力和实现新型工业化的重要载体。

目前，辽宁省重点工业产业集群有90个，其中，沈阳20个，大连22个，鞍山7个，铁岭6个，辽阳5个，抚顺和本溪各2个，丹东、锦州和阜新各3个，营口、朝阳、盘锦和葫芦岛各4个，绥中1个。这些产业集群涉及的领域涵盖了辽宁省装备制造业、新能源产业、新材料产业、新医药产业、信息产业、节能环保产业、海洋产业、生物育种产业和高技术服务业九大类新兴产业，详见表1-2。

第1章
辽宁省科技创新环境概述

表1-2 辽宁省重点工业产业集群规划汇总

序号	地区	集群名称	依托园区	主导产品
1		大东汽车及零部件产业集群	汽车城	汽车及零部件
2		铁西现代建筑产业集群		建筑制品、建筑工程机械和建材装备制造
3		铁西机床及功能部件产业集群		机床及其部件
4		铁西汽车及零部件产业集群	沈阳经济技术开发区	汽车及零部件
5		铁西电气及配件产业集群		变压器、开关柜
6		铁西医药化工产业集群		乙烯、树脂、VC
7		沈北农产品深精加工产业集群	蒲河新城	粮、油、畜禽精深加工
8		沈北光电信息产业集群		手机、光显、数字装备
9		浑南软件及电子信息产业集群	高新技术开发区	软件、信息产品制造
10		沈阳民用航空产业集群	航高基地	飞机大部件
11	沈阳	于洪家具产业集群	于洪家具产业园	家具、过程装备
12		于洪五金产业集群	于洪五金产业园	机械加工
13		苏家屯电力电器产业集群	雪松经济开发区	电力电器及部件
14		苏家屯钢管产业集群	苏家屯钢管产业园	钢管、金属加工
15		新民包装印刷产业集群	沈阳胡台新城	包装、印刷制品
16		新民药业产业集群	新民经济开发区	医药、食品
17		辽中铸锻造机加产业集群	近海经济区	铸件、机床配件
18		辽中有色金属产业集群	辽中泵阀工业园	泵、阀门制造
19		法库陶瓷产业集群	法库经济开发区	陶瓷产品
20		康平塑编及纺织产业集群	康平经济开发区	塑料纺织及制品
21		大孤山石化产业集群	大连开发区	炼油、PTA、对二甲苯
22		长兴岛石化产业集群	长兴岛临港工业园	炼油、PX、MTO、乙烯
23		旅顺轨道交通装备产业集群	旅顺开发区	轨道交通装备
24	大连	大连湾临海装备制造产业集群	大连湾临海装备制造业集聚区	核电设备、大型石化设备、海洋工程装备
25		金州新区装备制造产业集群	大连开发区	数控机床、机电设备

续表

序号	地区	集群名称	依托园区	主导产品
26		普湾新区高端装备制造产业集群	三十里堡临港工业区	船舶配套、核电设置、风电设备、汽车零部件
27		普湾新区松木岛化工产业集群	松木岛化工园区	精细化工产品
28		庄河装备制造产业集群	庄河临港经济区	机床、橡胶机械等
29		金州新区电子信息产业集群	大连开发区	集成电路、数字视听
30		长兴岛船舶与海洋工程产业集群	长兴岛临港工业园	造船、海洋工程、船舶配套
31		旅顺船舶及配套产业集群	旅顺开发区	船舶制造及配套
32		软件和信息技术服务产业集群	大连高新区	软件、信息技术服务
33		金州区汽车及零部件产业集群	大连开发区	发动机、变速器、整车
34	大连	保税区汽车及零部件产业集群	保税区汽车产业园	新能源汽车、发动机、变速箱、整车
35		庄河农产品深加工产业集群	现代海洋产业区	多功能食品、保健品
36		庄河家具产业集群	庄河临港经济区	实木家具
37		普兰店服装产业集群	普兰店皮杨工业园	纺织品、西服、工装
38		花园口新材料产业集群	花园口经济区	化工材料、金属材料、半导体材料、纳米材料
39		瓦房店轴承产业集群	瓦房店市工业园区	各类轴承
40		金州新区精品钢材产业集群	登沙河临港工业区	特种钢材、彩钢板
41		普湾新区电力设置器材产业集群	普兰店经济技术开发区	互感器、电缆等
42		金州新区生物医药产业集群	大连开发区	生物医药、疫苗
43		达道湾钢铁深加工产业集群	达道湾开发区	精特钢、板材、型材
44		海城菱镁新材料产业集群	菱镁新材料产业基地	耐材、镁建材、镁金属
45		鞍山煤焦油深加工产业集群	达道湾开发区	针状焦、高档染颜料
46	鞍山	鞍山工业自动化装备产业集群	高新技术开发区	XVC、SVG高压变频装置
47		鞍山光电光伏产业集群	达道湾经济技术开发区、铁西工业园区	太阳能光伏组件
48		鞍山电力装备产业集群	灵山工业园区、达道湾经济技术开发区	水电火电风电核电零部件、变压器、电力塔架
49		海城纺织服装产业集群	海城纺织工业园	服装、布匹

第1章　辽宁省科技创新环境概述

续表

序号	地区	集群名称	依托园区	主导产品
50	抚顺	抚顺化工新材料产业集群	抚顺高新区	石油化工、新材料
51		先进能源装备制造产业集群	抚顺开发区	起重机、重型矿山设备
52	本溪	生物医药产业集群	高新技术产业开发区	中药、生物制药、器械
53		钢铁深加工产业集群	钢铁深加工产业园	钢铁深加工
54		仪器仪表产业集群	边境合作区	各种仪器仪表
55	丹东	汽车及零部件产业集群	临港产业园东区	整车、汽车零部件
56		再生资源综合利用产业集群	临港产业园西区	废旧物资拆解再制造
57		光伏产业集群	锦州龙栖湾新区	多晶硅、太阳能电池
58	锦州	汽车零部件产业集群	西海工业园区汽车工业园	汽车电机、安全气囊
59		钛及特种金属产业集群	汤河子产业园	钛白粉、海绵钛、锰、锆等特种金属
60	营口	镁制品及深加工产业集群	大石桥沿海新兴产业区、南楼开发区	耐火材料、金属镁
61		汽保产业集群	老边区汽保工业园	平衡机、洗车机等
62	营口	电机产业集群	北海新区	各种电机
63		仙人岛石化产业集群	仙人岛能源化工区	炼油、乙烯、沥青
64		阜新液压产业集群	阜新开发区	各种泵类产品
65	阜新	阜新氟化工产业集群	氟化工产业基地	各种氟化工产品
66		阜新皮革产业集群	皮革产业基地	各种皮具及制品
67		辽阳芳烃及精细化工产业集群	芳烃基地	芳烃下游产品
68		工业铝材深加工产业集群	辽阳高新区	工业铝材及深加工产品
69	辽阳	汽车配套产业集群	向阳工业集中区	汽车部件
70		日化产业集群	铁西工业集中区	天然脂肪醇
71		装备制造产业集群	辽阳经济开发区	专用设备制造
72		专用车产业集群	铁岭县腰堡镇	专用车
73		新能源装备制造业产业集群	铁岭高新区	风电设备
74	铁岭	起重机械制造产业集群	开原工业园区北区	起重机
75		换热设备产业集群	昌图老四平工业园	换热器、鼓风机
76		有色金属产业集群	铁岭县工业园区	铜杆、阳极板、电解铜
77		医药保健品产业集群	西丰特色产业园区	医药保健品

续表

序号	地区	集群名称	依托园区	主导产品
78		新能源电器（超级电容器）产业集群	高新技术园区	超级电容器
79	朝阳	北票粉末冶金产业集群	北票冶金工业园区	粉末冶金、管材深加工
80		建平陶瓷及新型建材产业集群	建平陶瓷工业园区	建筑陶瓷、日用陶瓷
81		喀左冶金铸锻产业集群	喀左县冶金工业园区	冶金及汽车零部件
82		石化及精细化工产业集群	盘锦精细化工（塑料）产业园	石油加工及精细化工产品、沥青、乙烯
83	盘锦	石油天然气装备产业集群	盘锦石油装备制造基地	钻采设备、炼化设备
84		新材料产业集群	辽宁北方新材料产业园	塑料、化工新材料
85		船舶及海洋工程装备产业集群	辽滨沿海经济区	船舶制造、钻井平台
86		石化产业集群	连山区	炼油、乙烯
87	葫芦岛	有色金属深加工产业集群	龙岗区	锌、铜、钼
88		船舶海工装备产业集群	龙港海洋工程工业区	船舶海洋工程装备制造
89		泳装产业集群	兴城临海产业园	泳装产品
90	绥中	万家高新数字产业集群	绥中滨海经济区	IT类高新技术产品

近年来，辽宁省产业集群得到了快速发展，对于进一步优化辽宁产业结构，促进经济发展，提高产业科技创新竞争力，具有重要的意义。

四、辽宁省科技创新研究机构

截至2018年年底，辽宁省共有国家重点实验室19家，国家级工程技术研究中心达到12家，省级重点实验室491家和省级工程研究中心709家。这些研究机构是辽宁省创新体系建设的重要组成部分，也是提升辽宁科技创新区域竞争力的有力保障。

（一）辽宁省拥有19家国家重点实验室

国家重点实验室作为国家科技创新体系的主要组成部分，是国家组织高水平基础研究和应用基础研究、聚集和培养优秀科技人才、开展高水平学术交流、科研装备先进的重要基地。实验室是主要依托大学、科研院所建设的科研实体，实行人财物相对独立的管理机制和"开放、流动、联合、竞争"的运行机制。

第1章 辽宁省科技创新环境概述

辽宁省目前拥有染料及表面活性剂精细加工合成、三束材料改性、煤炭资源高效开采与洁净利用等19家国家重点实验室（数据来源于辽宁省科学技术厅），详细情况见表1-3。

表1-3 辽宁省内19家国家重点实验室名单

序号	实验室名称	依托单位
1	染料及表面活性剂精细加工合成国家重点实验室	大连理工大学
2	三束材料改性国家重点实验室	大连理工大学
3	煤炭资源高效开采与洁净利用国家重点实验室	煤炭科学研究总院
4	金属腐蚀与防护国家重点实验室	中国科学研究院金属研究所
5	新农药创制与开发国家重点实验室	沈阳化工研究院
6	煤矿安全技术国家重点实验室	中国煤炭科工集团沈阳研究院
7	全断面掘进机国家重点实验室	辽宁省北方重工集团有限公司
8	软件架构新技术国家重点实验室	辽宁省东软集团股份有限公司
9	高档数控机床国家重点实验室	辽宁省沈阳机床集团有限责任公司
10	深部金属矿山安全开采国家重点实验室	东北大学
11	轧制技术及连轧自动化国家重点实验室	东北大学
12	流程工业综合自动化国家重点实验室	东北大学
13	机器人学国家重点实验室	中国科学院沈阳自动化研究所
14	森林与土壤生态国家重点实验室	中国科学院沈阳应用生态研究所
15	海岸和近海工程国家重点实验室	大连理工大学
16	精细化工国家重点实验室	大连理工大学
17	工业装备结构分析国家重点实验室	大连理工大学
18	催化基础国家重点实验室	中国科学院大连化学物理研究所
19	分子反应动力学国家重点实验室	中国科学院大连化学物理研究所

（二）辽宁省拥有12家国家级工程技术研究中心

国家工程技术研究中心是国家科技发展计划的重要组成部分，中心主要依托于行业、领域科技实力雄厚的重点科研机构、科技型企业或高等院校，拥有国内一流的工程技术研究开发、设计和试验的专业人才队伍,具有较完备的工程技术综合配套试验条件,能够提供多种综合性服务,与相关企业紧密联系,同时具有自我良性循环发展机制的科研开发实体。

辽宁省目前拥有国家级工程技术研究中心12家(数据来源于辽宁省科学技术厅),分别是国家催化工程技术研究中心、国家中成药工程技术研究中心等,详细情况见表1-4。

表1-4 辽宁省内12家国家级工程技术研究中心名单

序号	中心名称	领域	依托单位	所在地
1	国家催化工程技术研究中心	新材料	中国科学院大连化学物理研究所	大连市
2	国家中成药工程技术研究中心	生物医药	辽宁华润本溪三药有限公司	本溪市
3	国家冶金自动化工程技术研究中心沈阳分中心	装备制造	东北大学	沈阳市
4	国家电站燃烧工程技术研究中心	节能环保	辽宁中电投电站燃烧工程技术研究中心	沈阳市
5	国家金属腐蚀控制工程技术研究中心	新材料	中国科学院金属研究所	沈阳市
6	国家数字化医学影像设备工程技术研究中心	装备制造	东软集团股份有限公司	沈阳市
7	国家真空仪器装置工程技术研究中心	装备制造	中国科学院沈阳科学仪器股份有限公司	沈阳市
8	国家稀土永磁电机工程技术研究中心	装备制造	沈阳工业大学	沈阳市
9	国家金融安全及系统装备工程技术研究中心	装备制造	聚龙股份有限公司(原辽宁聚龙金融设备股份有限公司)	鞍山市
10	国家大型轴承工程技术研究中心	装备制造	瓦房店轴承集团有限责任公司	大连市
11	国家风电传动及控制工程技术研究中心	装备制造	大连华锐重工集团有限公司	大连市
12	国家海洋食品工程技术研究中心	农业	大连工业大学	大连市

(三)辽宁省拥有491家省级重点实验室

根据辽宁省科技厅公布的《2018年辽宁省重点实验室和工程技术研究中心组建计划名单》,2018年全省新增省级重点实验室50家,涵盖交通、能源、新材料、信息、林业及生态环境、农产品加工及装备、种植业、资源利用、城镇化与城市发展等、卫生与健康等16个领域,其中绝大部分依托大学和科研院所。截至2018年年底,辽宁省拥有省级重点实验室已达491家。2018年辽宁省新增50家省级重点实验室名单,见表1-5。

表1-5　2018年辽宁省新增50家省级重点实验室名单

序号	重点实验室名称	依托单位	负责人	技术领域	类别
1	辽宁省水土流失防控与生态修复重点实验室	沈阳农业大学	苏芳莉	林业及生态环境	学科
2	辽宁省健康食品营养与创制重点实验室	沈阳农业大学	孟宪军	农产品加工及装备	学科
3	辽宁省食用菌优质栽培技术研究重点实验室	辽宁省农业科学院	张敏	种植业	学科
4	辽宁省农业气象灾害重点实验室	中国气象局沈阳大气环境研究所	张玉书	资源利用	学科
5	辽宁省农业装备智能化技术重点实验室	中国科学院沈阳自动化研究所	王卓	农产品加工及装备	学科
6	辽宁省救助与打捞工程重点实验室	大连海事大学	弓永军	交通	学科
7	辽宁省空天飞行器前沿技术重点实验室	大连理工大学	钱卫	交通	学科
8	辽宁省复杂能源转换与高效利用重点实验室	大连理工大学	张博	能源	学科
9	辽宁省能源材料及器件重点实验室	大连理工大学	黄昊	新材料	学科
11	辽宁省红外光电材料及微纳器件重点实验室	东北大学	程同蕾	信息	学科
12	辽宁省冶金工业智能诊断与安全重点实验室	东北大学	张颖伟	信息	学科
13	辽宁省石油化工行业信息安全重点实验室	沈阳化工大学	宗学军	信息	学科
14	辽宁省机器智能重点实验室	中国科学院沈阳自动化研究所	丛杨	信息	学科
15	辽宁省城市与建设数字化技术重点实验室	东北大学	刘抚英	城镇化与城市发展	学科
16	辽宁省结构智能化与安全技术重点实验室	沈阳建筑大学	阎卫东	公共安全	学科
17	辽宁省消防大数据重点实验室	公安部沈阳消防研究所	隋虎林	公共安全	学科
18	辽宁省红山文化遗产研究重点实验室	辽宁大学	华玉冰	公共安全	学科
19	辽宁省法庭科学重点实验室	中国刑事警察学院	史利民	公共安全	学科

续表

序号	重点实验室名称	依托单位	负责人	技术领域	类别
20	辽宁省低碳资源高值化利用重点实验室	大连理工大学	陆安慧	节能环保	学科
21	辽宁省城市大气环境污染防治重点实验室	沈阳环境科学研究院	陈刚	节能环保	学科
22	辽宁省稳定同位素技术重点实验室	中国科学院沈阳应用生态研究所	方云霆	节能环保	学科
23	辽宁省蛋白质修饰与疾病发生重点实验室	大连理工大学	伍会健	生物医药	学科
24	辽宁省中药药效物质基础与应用研究重点实验室	大连医科大学	彭金咏	生物医药	学科
25	辽宁省蛋白质组学重点实验室	大连医科大学	邵淑娟	生物医药	学科
26	辽宁省医学影像计算重点实验室	东北大学	赵大哲	生物医药	学科
27	辽宁省基于计算化学的天然抗肿瘤药物研究与开发重点实验室	沈阳药科大学	宋少江	生物医药	学科
28	辽宁省微创手术机器人重点实验室	中国科学院沈阳自动化研究所	刘浩	生物医药	学科
29	辽宁省基因工程模式动物重点实验室	大连医科大学	吴英杰	卫生与健康	学科
30	辽宁省造血干细胞移植临床转化医学研究重点实验室	大连医科大学	阎金松	卫生与健康	学科
31	辽宁省骨相关疾病修复重塑分子机制重点实验室	大连医科大学	张卫国	卫生与健康	学科
32	辽宁省空气雾霾与人群健康监测重点实验室	辽宁省疾病控制中心	杨佐森	卫生与健康	学科
33	辽宁省肿瘤放射增敏与组织防护重点实验室	辽宁省肿瘤医院	于洪	卫生与健康	学科
34	辽宁省糖尿病中医病症结合重点实验室	辽宁中医药大学	石岩	卫生与健康	学科
35	辽宁省过敏性疾病过敏原致病机制研究重点实验室	沈阳医学院	张慧云	卫生与健康	学科
36	辽宁省细胞微环境稳态与衰老相关性疾病重点实验室	中国医科大学	曹流	卫生与健康	学科

续表

序号	重点实验室名称	依托单位	负责人	技术领域	类别
37	辽宁省环境与代谢疾病动物模型研究与应用重点实验室	中国医科大学	李志杰	卫生与健康	学科
38	辽宁省生殖障碍疾病与生育力重塑重点实验室	中国医科大学	谭季春	卫生与健康	学科
39	辽宁省动脉瘤疾病病因及防治研究重点实验室	中国医科大学	辛世杰	卫生与健康	学科
40	辽宁省狼疮脑病分子机制研究重点实验室	中国医科大学	杨娉婷	卫生与健康	学科
41	辽宁省重大慢性病精准医学重点实验室	中国医科大学	赵玉虹	卫生与健康	学科
42	辽宁省环境健康损害研究与评价重点实验室	中国医科大学	朱京海	卫生与健康	学科
43	辽宁省清洁能源并网运行与消纳重点实验室	国网辽宁省电力有限公司电力科学研究所	葛维春	能源	企业
44	辽宁省功能陶瓷材料及制备技术重点实验室	辽宁省轻工科学研究院有限公司	许壮志	新材料	企业
45	辽宁省轨道车液力传动重点实验室	中车大连机车研究所有限公司	曹晓龙	交通	企业
46	辽宁省航空发动机冲击动力学重点实验室	中国航发沈阳发动机研究所	李宏新	交通	企业
47	辽宁省电磁与光学隐身技术重点实验室	中国航空工业集团公司沈阳飞机设计研究所	张澎	交通	企业
48	省市共建高精度退火技术辽宁省重点实验室	本溪鹤腾科技发展有限公司	张辉	装备	省市共建
49	省市共建特种方舱技术研发辽宁省重点实验室	辽宁陆平机器股份有限公司	靳少华	装备	省市共建
50	省市共建食用菌秸秆栽培及资源利用辽宁省重点实验室	葫芦岛农函大玄宇食用菌野驯繁育有限公司	马世宇	种子工程	省市共建

（四）辽宁省拥有709家省级工程技术研究中心

根据辽宁省科技厅公布的《2018年辽宁省重点实验室和工程技术研究中心组建计划名单》，辽宁省新增食用菌工程技术研究中心、辽宁省柞蚕资源深加工利用工程技术研究中心等38家，这些省级重点工程中心主要依托各类具有较高科技含量的企业，涉及领域包括种子工程、节能环保等10余个领域。截至2018年年底，辽宁省累计拥有省级工程技术研究中心709家。2018年辽宁省新增38家工程技术研究中心名单，详见表1-6。

表1-6 2018年辽宁省新增38家工程技术研究中心名单

序号	省级工程技术研究中心名称	依托单位	负责人	技术领域	类别
1	辽宁省食用菌工程技术研究中心	辽宁三友农业生物科技有限公司	邹存兵	种子工程	行业
2	辽宁省柞蚕资源深加工利用工程技术研究中心	辽宁省农业科学院大连生物技术研究所	都兴范	农产品加工及装备	行业
3	辽宁省航空制造工艺工程技术研究中心	沈阳飞机工业（集团）有限公司	李克明	装备	行业
4	辽宁省寒区卫生厕所系统工程技术研究中心	沈阳建筑大学	傅金祥	城镇化与城市发展	行业
5	辽宁省交通基础设施检测工程技术研究中心	沈阳建筑大学	包龙生	城镇化与城市发展	行业
6	辽宁省医药大数据与人工智能工程技术研究中心	沈阳药科大学	项荣武	生物医药	行业
7	辽宁省多肽类创新药物研发及产业化工程技术研究中心	中国医科大学	魏敏杰	生物医药	行业
8	辽宁省消化内镜诊疗工程技术研究中心	中国医科大学	孙思予	卫生与健康	行业
9	辽宁省胃肠肿瘤微创诊治工程技术研究中心	中国医科大学	王振宁	卫生与健康	行业
10	辽宁省安井食品有限公司工程技术研究中心	辽宁安井食品有限公司	丁浩宸	农产品加工及装备	企业
11	辽宁省天赐农产品开发有限公司工程技术研究中心	辽宁天赐农产品开发有限公司	迟吉捷	农产品加工及装备	企业
12	辽宁省祥和农牧实业有限公司工程技术研究中心	辽宁祥和农牧实业有限公司	刘平祥	农产品加工及装备	企业
13	辽宁省鞍山新磁电子有限公司工程技术研究中心	鞍山新磁电子有限公司	朴青松	交通	企业
14	辽宁省大连中远海运重工有限公司工程技术研究中心	大连中远海运重工有限公司	高永强	交通	企业

续表

序号	省级工程技术研究中心名称	依托单位	负责人	技术领域	类别
15	辽宁省陕汽金玺装备制造有限公司工程技术研究中心	辽宁省陕汽金玺装备制造有限公司	王更义	交通	企业
16	辽宁省壮龙无人机科技有限公司工程技术研究中心	辽宁省壮龙无人机科技有限公司	蔡茂林	交通	企业
17	辽宁省生物质能源机械与装备工程技术研究中心	沈阳工程学院	王启民	能源	企业
18	辽宁省大连加氢反应器制造有限公司工程技术研究中心	中国第一重型机械集团大连加氢反应器制造有限公司	刘恩清	能源	企业
19	辽宁省营创三征（营口）精细化工有限公司工程技术研究中心	营创三征（营口）精细化工有限公司	刘至寻	新材料	企业
20	辽宁省营口忠旺铝业有限公司工程技术研究中心	营口忠旺铝业有限公司	兰占雨	新材料	企业
21	辽宁省优纤科技（丹东）有限公司工程技术研究中心	优纤科技（丹东）有限公司	郝新敏	新材料	企业
22	辽宁省鞍钢集团自动化有限公司工程技术研究中心	鞍钢集团自动化有限公司	王军生	信息	企业
23	辽宁省奥路通科技有限公司工程技术研究中心	辽宁省奥路通科技有限公司	周涌波	信息	企业
24	辽宁省希思腾科信息技术有限公司工程技术研究中心	辽宁希思腾科信息技术有限公司	胡冰	信息	企业
25	辽宁省沈阳亨通光通信有限公司工程技术研究中心	沈阳亨通光通信有限公司	谢松年	信息	企业
26	辽宁省亚世光电股份有限公司工程技术研究中心	亚世光电股份有限公司	肖瑀	信息	企业
27	辽宁省华录集团有限公司工程技术研究中心	中国华录集团有限公司	陈易	信息	企业
28	辽宁省阜新市石油工具厂工程技术研究中心	阜新市石油工具厂	朱玉军	装备	企业
29	辽宁省盘锦中录油气技术服务有限公司工程技术研究中心	盘锦中录油气技术服务有限公司	黄子舰	装备	企业
30	辽宁省鞍钢高效清洁焦化工程技术研究中心	鞍山钢铁集团有限公司	庞克亮	节能环保	企业
31	辽宁省北方环保智慧水务运营与再生水综合利用工程技术研究中心	辽宁省北方环保集团水务管理有限公司	谷成国	节能环保	企业

续表

序号	省级工程技术研究中心名称	依托单位	负责人	技术领域	类别
32	辽宁省沈阳风景园林北方水体生态修复工程技术研究中心	沈阳风景园林股份有限公司	朱国金	节能环保	企业
33	辽宁省鞍山热能院工业气体流程智能与安全工程技术研究中心	中钢集团鞍山热能研究院有限公司	谢国威	节能环保	企业
34	辽宁省中冶焦耐清洁炼焦工程技术研究中心	中冶焦耐（大连）工程技术有限公司	李超	节能环保	企业
35	辽宁省大连塞姆噬菌体应用工程技术研究中心	大连塞姆生物工程技术有限公司	徐永平	生物医药	企业
36	辽宁省大连亚维克单隆抗体药物工程技术研究中心	大连亚维药业有限公司	李景卫	生物医药	企业
37	辽宁省抚顺大恒手性化合物工程技术研究中心	抚顺大恒化工有限公司	徐栀	生物医药	企业
38	辽宁省沈阳细胞与组织工程技术研究中心	沈阳细胞治疗工程技术研发中心有限公司	于艳秋	生物医药	企业

国家级和省级重点实验室、国家级和省级工程技术中心是辽宁省科技创新体系的重要组成部分，是辽宁省在上述学科和技术研发领域内的科研基础，也是提升区域核心技术竞争力的重要保障。

五、辽宁省拥有 115 所普通高等院校

高等院校是基础研究和高端人才培养的基地，也是产学研相结合的重要环节，故一个地区高等院校的数量及教学和研究质量，对该地区科技创新能力具有深远的影响。

根据教育部官方网站发布的信息，辽宁省目前拥有115所普通高等院校，其中，"985工程"高等院校2所，分别是大连理工大学和东北大学；"211工程"高等院校4所，分别是大连理工大学、东北大学、大连海事大学和辽宁大学。"双一流"高等院校4所，分别是大连理工大学、东北大学、大连海事大学和辽宁大学。

按辽宁省地级市划分，全省115所普通高等院校中，沈阳市48所，大连市30所，鞍山市2所，阜新市2所，抚顺市4所，锦州市11所，营口市3所，辽阳市3所，本溪市2所，丹东市3所，葫芦岛市2所，铁岭市4所，朝阳市1所，详见表1-7。

第1章
辽宁省科技创新环境概述

表 1-7 辽宁省各城市普通高等学校数量统计

地区	普通高等院校数量/所	地区	普通高等院校数量/所
沈阳市	48	辽阳市	3
大连市	30	本溪市	2
鞍山市	2	丹东市	3
阜新市	2	葫芦岛市	2
抚顺市	4	铁岭市	4
锦州市	11	朝阳市	1
营口市	3	合计	115

六、辽宁省拥有高新技术企业 3714 家

高新技术企业一般是指在国家颁布的《国家重点支持的高新技术领域》范围内，持续进行研究开发与技术成果转化，形成企业核心自主知识产权，并以此为基础开展经营活动的居民企业，是知识密集、技术密集的经济实体。

2018 年全国高新技术企业达到 18.1 万家，其中高新技术企业拥有数量最多的前 10 个地区分别是广东、北京、江苏、浙江、上海、山东、湖北、河北、安徽、四川。辽宁排在天津、湖南、江西之后，位居全国第 14 位，目前拥有高新技术企业 3714 家，主要集中在装备制造、新能源等行业，如东软集团股份有限公司、沈阳黎明航空发动机（集团）有限责任公司、沈阳飞机工业（集团）有限公司、三一重型装备有限公司、大连华锐重工集团股份有限公司、沈阳新松机器人自动化股份有限公司、沈阳化工研究院有限公司、沈阳东软医疗系统有限公司、中国航空工业集团公司沈阳飞机设计研究所等科技型企业。

辽宁高新技术企业日益成为区域创新活动最活跃、创新实力最突出的一个群体，对提升辽宁省企业自主创新能力和综合实力、壮大高新技术产业和战略性新兴产业发挥着重要支撑作用。

为壮大辽宁省高新技术企业，辽宁省科技厅于 2017 年会同有关部门共同制定出台了《辽宁省高新技术企业"三年倍增计划"实施方案》，方案中提出到 2019 年，全省高新技术企业数量要在 2016 年基础上翻一番，达到 3676 家，2020 年突破 4000 家。

近年来，辽宁省高新技术企业数量虽然呈快速增长态势，但与广东（49 457 家）、北京（24 691 家）、江苏（21 278 家）、浙江（12 361 家）等经济发达地区相比，仍有

较大差距。

为此，地方政府还应继续加大对地区原有的科技型中小型企业的培育力度，同时应该加大力度改善地方营商环境、创新环境、出台相应的扶持优惠政策，引入外埠具有原创性的科技型企业进驻，缩小辽宁省与上述发达地区高新技术企业规模的差距。

七、辽宁省科技创新人才队伍建设

科技创新本质上是人才驱动。加强科技创新人才队伍建设对提高国家（地区）科技创新竞争力有着重大意义。

（一）2018年辽宁拥有中国科学院和中国工程院院士52人

截至2018年年末，按工作地统计，辽宁省拥有两院院士共计52人，其中中国科学院院士23人，分布于化学部（11人）、地学部（1人）、信息技术科学部（1人）、技术科学部（10人）技术领域。具体23位中国科学院院士名单，详见表1-8。

表1-8 2018年辽宁23名中国科学院院士名单

学部	序号	姓名	出生年月	单位	专业或专长	当选时间
化学部	1	张存浩	1928.02	中国科学院大连化学物理研究所	化学	1980年
	2	何国钟	1933.05	中国科学院大连化学物理研究所	物理化学	1991年
	3	袁权	1934.11	中国科学院大连化学物理研究所	物理化学	1991年
	4	沙国河	1934.05	中国科学院大连化学物理研究所	物理化学	1997年
	5	李灿	1960.01	中国科学院大连化学物理研究所	物理化学	2003年
	6	张玉奎	1942.09	中国科学院大连化学物理研究所	分析化学	2003年
	7	包信和	1959.08	中国科学院大连化学物理研究所	化学	2009年
	8	杨学明	1962.10	中国科学院大连化学物理研究所	化学	2011年
	9	张涛	1963.07	中国科学院大连化学物理研究所	工业催化	2013年
	10	彭孝军	1962.10	大连理工大学	染料精细化工	2017年
	11	张东辉	1967.01	中国科学院大连化学物理研究所	化学反应动力	2017年
地学部	12	林皋	1929.01	大连理工大学	水利工程	1997年
信息技术科学部	13	张嗣瀛	1925.06	东北大学	自动控制	1997年

续表

学部	序号	姓名	出生年月	单位	专业或专长	当选时间
技术科学部	14	邱大洪	1930.04	大连理工大学	海洋工程	1991年
	15	闻邦椿	1930.09	东北大学	机械力学	1991年
	16	叶恒强	1940.07	中国科学院金属研究所	金属材料	1991年
	17	李依依	1933.10	中国科学院金属研究所	科学材料	1993年
	18	钟万勰	1934.02	大连理工大学	力学	1993年
	19	程耿东	1941.09	大连理工大学	力学	1995年
	20	王立鼎	1934.12	大连理工大学	精密机械	1995年
	21	成会明	1963.10	中国科学院金属研究所	碳材料	2013年
	22	卢柯	1965.05	中国科学院金属研究所	材料科学	2003年
	23	申长雨	1963.06	大连理工大学	塑料及模具	2009年

通过中国科学院院士6个学部分布看，目前以辽宁为工作地的院士在中国科学院所属数学物理学部、生命科学和医学学部这两个学部领域中从事研究工作的还是空白。

中国工程院院士29人，分别隶属于机械与运载工程学部（7人），信息与电子工程学部（4人），化工、冶金与材料工程学部（6人），能源与矿业工程学部（1人），土木、水利与建筑工程学部（2人），环境与轻纺工程学部（1人），农业学部（2人），医药卫生学部（3人），工程管理学部（3人）。详情见表1-9。

表1-9　2018年辽宁省29名中国工程院院士所在学部统计

学部	序号	姓名	出生年月	单位	专业或专长	当选时间
机械与运载工程学部	1	李明	1936.11	中航工业集团公司沈阳飞机设计研究所	飞机设计	1995年
	2	朱英浩	1929.05	沈阳工业大学	输变电	1995年
	3	沈闻孙	1930.05	大连船舶重工集团公司	船舶设计	1997年
	4	唐任远	1931.06	沈阳工业大学	电气工程	2001年
	5	杨凤田	1941.06	中航工业集团公司沈阳飞机设计研究所	飞机设计	2007年
	6	郭东明	1959.04	大连理工大学	机械制造	2011年
	7	孙聪	1961.02	中航工业集团公司沈阳飞机设计研究所	飞行器设计	2015年

续表

学部	序号	姓名	出生年月	单位	专业或专长	当选时间
信息与电子工程学部	8	刘玠	1943.11	鞍山钢铁集团公司	冶金自动化	1997年
	9	封锡盛	1941.12	中国科学院沈阳自动化研究所	自动控制	1999年
	10	柴天佑	1947.11	东北大学	理论控制	2003年
	11	王天然	1943.03	中国科学院沈阳自动化研究所	自动化	2003年
化工、冶金与材料工程学部	12	胡永康	1940.02	中石化抚顺化工研究院	石油炼制	1997年
	13	柯伟	1932.12	中国科学院金属研究所	金属腐蚀防护	1997年
	14	桑凤亭	1942.03	中国科学院大连化学物理研究所	化学激光	2003年
	15	王国栋	1942.10	东北大学	压力加工	2005年
	16	蹇锡高	1946.01	大连理工大学	高分子材料	2013年
	17	刘中民	1964.09	中国科学院大连化学物理研究所	工业催化	2015年
能源与矿业工程学部	18	衣宝廉	1938.05	中国科学院大连化学物理研究所	电化学	2003年
土木、水利与建筑工程学部	19	欧进萍	1959.04	大连理工大学	结构力学	2003年
	20	孔宪京	1952.01	大连理工大学	土坝抗震	2017年
环境与轻纺工程学部	21	朱蓓薇	1957.03	大连工业大学	海产品深加工	2013年
农业学部	22	陈温福	1955.12	沈阳农业大学	水稻育种	2009年
	23	李天来	1955.11	沈阳农业大学	蔬菜园艺	2015年
医药卫生学部	24	姚新生	1934.10	沈阳药科大学	天然药化	1996年
	25	陈洪铎	1933.02	中国医科大学	皮肤病学	1999年
	26	韩雅玲	1953.06	沈阳军区总医院	心血管内科	2013年
工程管理学部	27	王众托	1928.08	大连理工大学	系统科学	2001年
	28	赵晓哲	1963.07	海军大连舰艇学院	信息与电子工程管理	2011年
	29	邵安林	1963.09	鞍钢矿业集团	采矿工程	2015年

另外，根据中国工程院2019年4月30日相关信息报道，中国工程院2019年院士增选候选人共531位，其中辽宁省增选候选人有5位，他们是关亚风（中国科学院大连化学物理研究所）、励建荣（渤海大学）、吴玉厚（沈阳建筑大学）、刘伶伶（沈阳建筑大学）、葛维春（国网辽宁省电力有限公司），上述5位分别被推荐到隶属环境与轻工学部，机械与运载工程学部，土木、水利与建筑工程学部，能源与矿业工程学部。

（二）辽宁省拥有 14.7 万科学研究与试验发展（R&D）人员

根据辽宁省统计局出台的近年辽宁省国民经济和社会发展统计公报的数据显示，近五年（2014—2018 年）从事科学研究与试验发展（R&D）人员情况如下。

2014 年年末从事研究与试验发展（R&D）人员 16.2 万人；2015 年年末从事科学研究与试验发展（R&D）人员 17.4 万人；2016 年年末研究与试验发展（R&D）人员 13.8 万人；2017 年年末科学研究与试验发展（R&D）人员 14.2 万人；2018 年年末辽宁省从事科学研究与试验发展（R&D）人员 14.7 万人。

从上述数据可以看出，2014 年年末和 2015 年年末从事科学研究与发展（R&D）的人员分别是 16.2 万人和 17.4 万人，比 2016 年数据高。2016—2018 年，辽宁省从事研究与发展（R&D）人员数量呈稳步上升趋势，体现了辽宁省科技研发在科技人员培养及引进方面逐步加强。

（三）辽宁省拥有 6400 余名百千层次人才

百千万人才工程，是根据国家科技发展规划和经济社会发展需要而制定的，旨在加强中国跨世纪优秀青年人才培养的一项重大举措。

辽宁省对高层次人才队伍建设非常重视，省委组织部、省人力资源和社会保障厅、省科技厅、省教育厅、省财政厅和省科学技术协会六部门多次启动"百千万人才工程"人选选拔工作，截至目前，辽宁省有百千层次人才共计 6400 余名。

本章小结

本章以辽宁省科技创新基础环境和科技创新体系建设为背景，从 2018 年全省年末常住人口、国内生产总值（GDP）、全年科学研究与试验发展（R&D）经费投入，到科技创新政策法规、产业布局、普通高等院校、高新技术企业和创新人才队伍等对辽宁省科技创新环境和科技创新体系进行了分析论述，即 2018 年年末辽宁省国内生产总值达到 25 315.4 亿元、年末常住人口 4359.3 万人、全年科学研究与试验发展（R&D）经费支出 438.2 亿元、国家重点实验室 19 家、国家级工程技术中心 12 家、省部级重点实验室 491 家、省工程技术中心 709 家、普通高等院校 115 所、高新技术企业 3714 家、两院院士 52 名、研究与试验发展（R&D）人员 14.7 万人、百千层次人员 6400 余名。

第 2 章
全国 31 个省（区、市）（不含港澳台）科技创新环境对比分析

本章以辽宁省为基点，从国内生产总值（GDP）、人均国内生产总值（人均 GDP）、研究与试验发展（R&D）经费、研究与试验发展（R&D）经费投入强度、两院院士、国家重点实验室、国家工程技术研究中心、高新技术企业及重点高等院校（"985 工程"高等院校、"211 工程"高等院校和"双一流"高等院校）9 个指标，与其他 30 个省（区、市）（不含港澳台）进行横向对比分析，由于部分地区 2018 年科技统计数据官方没有正式发布，故我们部分采用 2016—2017 年数据加以对比分析，而辽宁地区部分 2018 年的数据我们通过地方科技管理部门及地方统计局内部获悉，并加以分析评述。在对比分析 31 个省（区、市）（不含港澳台）2016—2017 年统计数据的同时，我们单独把辽宁地区 2018 年的部分科技统计数据列出，并加以单独解读分析，力图在提升辽宁科技创新区域竞争力的征途上，做到知己知彼，找出差距，发挥优势，补足短板，为辽宁省科技创新体系建设提供翔实、可靠的参考依据。

第 1 节　全国 31 个省（区、市）（不含港澳台）国内生产总值（GDP）对比分析

近 10 年（2009—2018 年）我国国内生产总值（GDP）呈上升走势，即从 2009 年 30 万亿元，至 2010—2011 年上升到 40 万亿元；2012—2013 年上升到 50 万亿元；2014—2017 年又上升到一个新高度，从 60 万亿元提高到 80 万亿元；2018 年达到 900 309.50 亿元，首次突破 90 万亿元。

第 2 章

全国 31 个省（区、市）（不含港澳台）科技创新环境对比分析

国内生产总值（GDP）是衡量一个国家（地区）总体经济状况的重要指标，体现了该国家（地区）的经济实力，是影响科技竞争力的主要因素之一。近 10 年（2009—2018 年）全国 31 个省（区、市）（不含港澳台）国内生产总值（GDP）具体数值及 2018 年排名（数据来源：国家统计局官方网站及各地区统计局官方网站），详见表 2-1。

表 2-1　2009—2018 年全国 31 个省（区、市）（不含港澳台）国内生产总值（GDP）统计

单位：亿元

地区	2009 年	2010 年	2011 年	2012 年	2013 年	2014 年	2015 年	2016 年	2017 年	2018 年	排名（2018）
广东	39 482.56	46 013.06	53 210.28	57 067.92	62 474.79	67 809.85	72 812.55	80 854.91	89 705.23	97 277.77	1
江苏	34 457.30	41 425.48	49 110.27	54 058.22	59 753.37	65 088.32	70 116.38	77 388.28	85 869.76	92 595.40	2
山东	33 896.65	39 169.92	45 361.85	50 013.24	55 230.32	59 426.59	63 002.33	68 024.49	72 634.15	76 469.67	3
浙江	22 990.35	27 722.31	32 318.85	34 665.33	37 756.59	40 173.03	42 886.49	47 251.36	51 768.26	56 197.00	4
河南	19 480.46	23 092.36	26 931.03	29 599.31	32 191.30	34 938.24	37 002.16	40 471.79	44 552.83	48 055.86	5
四川	14 151.28	17 185.48	21 026.68	23 872.80	26 392.07	28 536.66	30 053.10	32 934.54	36 980.22	40 678.13	6
湖北	12 961.10	15 967.61	19 632.26	22 250.45	24 791.83	27 379.22	29 550.19	32 665.38	35 478.09	39 366.55	7
湖南	13 059.69	16 037.96	19 669.56	22 154.23	24 621.67	27 037.32	28 902.21	31 551.37	33 902.96	36 425.80	8
河北	17 235.48	20 394.26	24 515.76	26 575.01	28 442.95	29 421.15	29 806.11	32 070.45	34 016.32	36 010.27	9
福建	12 236.53	14 737.12	17 560.18	19 701.78	21 868.49	24 055.76	25 979.82	28 810.58	32 182.09	35 804.04	10
上海	15 046.45	17 165.98	19 195.69	20 181.72	21 818.15	23 567.70	25 123.45	28 178.65	30 632.99	32 679.87	11
北京	12 153.03	14 113.58	16 251.93	17 879.40	19 800.81	21 330.83	23 014.59	25 669.13	28 014.94	30 319.98	12
安徽	10 062.82	12 359.33	15 300.65	17 212.05	19 229.34	20 848.75	22 005.63	24 407.62	27 018.00	30 006.82	13
辽宁	15 212.49	18 457.27	22 226.70	24 846.43	27 213.22	28 626.58	28 669.02	22 246.90	23 409.24	25 315.40	14
陕西	8169.80	10 123.48	12 512.30	14 453.68	16 205.45	17 689.94	18 021.86	19 399.59	21 898.81	24 438.32	15
江西	7655.18	9451.26	11 702.82	12 948.88	14 410.19	15 714.63	16 723.78	18 499.00	20 006.31	21 984.80	16
重庆	6530.01	7925.58	10 011.37	11 409.60	12 783.26	14 262.60	15 717.27	17 740.59	19 424.73	20 363.19	17
广西	7759.16	9569.85	11 720.87	13 035.10	14 449.90	15 672.89	16 803.12	18 317.64	18 523.26	20 352.51	18
天津	7521.85	9224.46	11 307.28	12 893.88	14 442.01	15 726.93	16 538.19	17 885.39	18 549.19	18 809.64	19
云南	6169.75	7224.18	8893.12	10 309.47	11 832.31	12 814.59	13 619.17	14 788.42	16 376.34	17 881.12	20
内蒙古	9740.25	11 672.00	14 359.88	15 880.58	16 916.50	17 770.19	17 831.51	18 128.10	16 096.21	17 289.20	21

辽宁省科技创新区域竞争力分析

续表

地区	2009年	2010年	2011年	2012年	2013年	2014年	2015年	2016年	2017年	2018年	排名(2018)
山西	7358.31	9200.86	11237.55	12112.83	12665.25	12761.49	12766.49	13050.41	15528.42	16818.10	22
黑龙江	8587.00	10368.60	12582.00	13691.58	14454.91	15039.38	15083.67	15386.09	15902.68	16361.60	23
吉林	7278.75	8667.58	10568.83	11939.24	13046.40	13803.14	14063.13	14776.80	14944.53	15074.62	24
贵州	3912.68	4602.16	5701.84	6852.20	8086.86	9266.39	10502.56	11776.73	13540.83	14806.45	25
新疆	4277.05	5437.47	6610.05	7505.31	8443.84	9273.46	9324.80	9649.70	10881.96	12199.08	26
甘肃	3387.56	4120.75	5020.37	5650.20	6330.69	6836.82	6790.32	7200.37	7459.90	8246.10	27
海南	1654.21	2064.50	2522.66	2855.54	3177.56	3500.72	3702.76	4053.20	4462.54	4832.05	28
宁夏	1353.31	1689.65	2102.21	2341.29	2577.57	2752.10	2911.77	3168.59	3443.56	3705.18	29
青海	1081.27	1350.43	1670.44	1893.54	2122.06	2303.32	2417.05	2572.49	2624.83	2865.23	30
西藏	441.36	507.46	605.83	701.03	815.67	920.83	1026.39	1151.41	1310.92	1477.63	31

从表2-1中可以看出，2018年全国31个省（区、市）（不含港澳台）GDP排名前10位的分别是广东、江苏、山东、浙江、河南、四川、湖北、湖南、河北、福建。上述10个省GDP之和占全国GDP总量的62.1%，其中广东和江苏两省GDP均超过9万亿元，山东紧随其后，GDP超过7万亿元，浙江超过5万亿元，河南和四川两省均超过4万亿元，湖北、湖南、河北和福建四省的GDP超过3万亿元。

GDP排在后10位的分别是山西、黑龙江、吉林、贵州、新疆、甘肃、海南、宁夏、青海、西藏。上述地区GDP之和仅占全国GDP总量的10.7%。

辽宁GDP 2016—2018年均排在全国第14位，2015年排在第10位，2009—2014年均排在第7位。辽宁GDP 2009—2015年总体呈上升趋势，2016年开始急速下滑，到2017年和2018年又小幅上升，引起上述波动的可能原因如下。

①统计数据不严谨。部分经济统计数据没有经过核实考证，统计过程中受人为干预程度较大，缺乏科学性和真实性。

②新兴产业发展缓慢。辽宁省作为东北老工业基地，历史上曾辉煌一时，但近年来，经济发展严重滞后，仅靠传统产业作为经济支柱，从根本上不能满足目前经济发展的要求。在21世纪"互联网+"时代来临之际，辽宁没有跟上大时代的步伐，新兴产业没有得到充分的发展，处于一步没跟上、步步落后的状态，这是造成辽宁经济落后于江浙等地的主要原因。

第 2 章
全国 31 个省（区、市）（不含港澳台）科技创新环境对比分析

③人口老龄化现象严重。据辽宁省老龄办发布的《2017 年辽宁省老年人口信息和老龄事业发展状况报告》，按户籍人口统计，截至 2017 年年末，辽宁省户籍总人口 4232.57 万人，60 周岁及以上户籍老年人口 958.74 万人，占全省人口总数的 22.65%，与全国老年人口（2.4 亿人，占全国人口总数 17.3%）相比，辽宁省老年人口比全国高出 5.35 个百分点，辽宁已经进入深度的老龄化社会，导致劳动力比例失调。

④高端人才外流。近几年由于辽宁经济发展迟缓，造成大量受过高等教育的年轻人远走他乡，形成了"孔雀东南飞"的现象，导致辽宁失去了大量的高端人才。

⑤第二产业产能过剩，第三产业发展缓慢。第三产业能快速带动地区经济的发展，但由于辽宁整体的营商环境和文化产业氛围基础欠缺，使辽宁的第三产业发展缓慢。依赖重工业的辽宁，多年来以传统工业为支柱的第二产业，在国家深入推进供给侧结构性改革的宏观经济调控背景下，"去产能、去杠杆、去库存、降成本"等一系列宏观经济调控举措实施，使辽宁原有的一些支柱产业大幅减产，处于低迷状态，但却占用了大量的人力、财力和物力，浪费资源，产业转型没有及时跟进，导致辽宁经济没有得到应有的发展。

第 2 节　全国 31 个省（区、市）（不含港澳台）人均 GDP 对比分析

人均国内生产总值（Real GDP per capita）是人们了解和把握一个国家（地区）的宏观经济运行状况的有效工具，即"人均 GDP"是作为衡量一个国家（地区）经济发展状况的指标，也是重要的宏观经济指标之一。全国 31 个省（区、市）（不含港澳台）近 10 年年末常住人口数值（数据来源：国家统计局和各地区统计局官网），参见表 2-2。

表 2-2　2009—2018 年全国 31 个省（区、市）（不含港澳台）年末常住人口统计

单位：万人

地区	2009 年	2010 年	2011 年	2012 年	2013 年	2014 年	2015 年	2016 年	2017 年	2018 年
河北	7034	7194	7241	7288	7333	7384	7425	7470	7520	7556
山东	9470	9588	9637	9685	9733	9789	9847	9947	10 006	10 047
辽宁	4341	4375	4383	4389	4390	4391	4382	4378	4369	4359
黑龙江	3826	3833	3834	3834	3835	3833	3812	3799	3789	3773

续表

地区	2009 年	2010 年	2011 年	2012 年	2013 年	2014 年	2015 年	2016 年	2017 年	2018 年
甘肃	2555	2560	2564	2578	2582	2591	2600	2610	2626	2637
吉林	2740	2747	2749	2750	2751	2752	2753	2733	2717	2704
青海	557	563	568	573	578	583	588	593	598	603
河南	9487	9405	9388	9406	9413	9436	9480	9532	9559	9605
江苏	7810	7869	7899	7920	7939	7960	7976	7999	8029	8051
湖北	5720	5728	5758	5779	5799	5816	5852	5885	5902	5917
湖南	6406	6570	6596	6639	6691	6737	6783	6822	6860	6899
浙江	5276	5447	5463	5477	5498	5508	5539	5590	5657	5737
江西	4432	4462	4488	4504	4522	4542	4566	4592	4622	4648
广东	10 130	10 441	10 505	10 594	10 644	10 724	10 849	10 999	11 169	11 346
云南	4571	4602	4631	4659	4687	4714	4742	4771	4801	4830
福建	3666	3693	3720	3748	3774	3806	3839	3874	3911	3941
海南	864	869	877	887	895	903	911	917	926	934
山西	3427	3574	3593	3611	3630	3648	3664	3682	3702	3718
四川	8185	8045	8050	8076	8107	8140	8204	8262	8302	8341
陕西	3727	3735	3743	3753	3764	3775	3793	3813	3835	3864
贵州	3537	3479	3469	3484	3502	3508	3530	3555	3580	3600
安徽	6131	5957	5968	5988	6030	6083	6144	6196	6255	6324
内蒙古	2458	2472	2482	2490	2498	2505	2511	2520	2529	2534
广西	4856	4610	4645	4682	4719	4754	4796	4838	4885	4926
西藏	296	300	303	308	312	318	324	331	337	344
新疆	2159	2185	2209	2233	2264	2298	2360	2398	2445	2487
宁夏	625	633	639	647	654	662	668	675	682	688
北京	1860	1962	2019	2069	2115	2152	2171	2173	2171	2154
上海	2210	2303	2347	2380	2415	2426	2415	2420	2418	2424
重庆	2859	2885	2919	2945	2970	2991	3017	3048	3075	3102
天津	1228	1299	1355	1413	1472	1517	1547	1562	1557	1560

第 2 章

全国 31 个省（区、市）（不含港澳台）科技创新环境对比分析

人均国内生产总值（人均 GDP）= 国内生产总值（GDP）/ 年末常住人口。

根据国家统计局官方网站上的数据，2018 年全国国内生产总值（GDP）900 309 亿元，年末常住人口 139 538 万人，得出 2018 年全国人均 GDP 为 6.45 万元。按相同方法，得到全国 31 个省（区、市）（不含港澳台）人均 GDP，详见表 2-3。

表 2-3　2018 年全国 31 个省（区、市）（不含港澳台）人均 GDP 排名

排名	地区	人均 GDP/ 万元	GDP/ 亿元	年末常住人口/ 万人
1	北京	14.08	30 319.98	2154
2	上海	13.48	32 679.87	2424
3	天津	12.06	18 809.64	1560
4	江苏	11.50	92 595.40	8051
5	浙江	9.80	56 197.15	5737
6	福建	9.09	35 804.04	3941
7	广东	8.57	97 277.77	11 346
8	山东	7.61	76 469.67	10 047
9	内蒙古	6.82	17 289.22	2534
10	湖北	6.65	39 366.55	5917
11	重庆	6.56	20 363.19	3102
12	陕西	6.32	24 438.32	3864
13	辽宁	5.81	25 315.35	4359
14	吉林	5.57	15 074.62	2704
15	宁夏	5.39	3705.18	688
16	湖南	5.28	36 425.78	6899
17	海南	5.17	4832.05	934
18	河南	5.00	48 055.86	9605
19	新疆	4.91	12 199.08	2487
20	四川	4.88	40 678.13	8341
21	河北	4.77	36 010.27	7556
22	青海	4.75	2865.23	603
23	安徽	4.74	30 006.82	6324

续表

排名	地区	人均GDP/万元	GDP/亿元	年末常住人口/万人
24	江西	4.73	21 984.78	4648
25	山西	4.52	16 818.11	3718
26	黑龙江	4.34	16 361.62	3773
27	西藏	4.30	1477.63	344
28	广西	4.13	20 352.51	4926
29	贵州	4.11	14 806.45	3600
30	云南	3.70	17 881.12	4830
31	甘肃	3.13	8246.07	2637

从表2-3可以看出，北京、上海、天津三大直辖市和江苏省人均GDP均超过11万元，分别是14.08万元、13.48万元、12.06万元和11.50万元，领跑其他地区，位列全国前4位；紧随其后的是浙江和福建两省，其人均GDP也超过了9万元，分别排在全国第5和第6位；广东省人均GDP超过了8万元，排在第7位。

2018年全国人均GDP为6.45万元，国内有11个地区人均GDP超过了全国平均水平，它们分别是北京、上海、天津、江苏、浙江、福建、广东、山东、内蒙古、湖北和重庆。

排在后10位的地区分别是青海、安徽、江西、山西、黑龙江、西藏、广西、贵州、云南和甘肃。

辽宁2018年人均GDP为5.81万元，排在全国第13位，没有达到全国平均水平。辽宁省近十年（2009—2018年）人均GDP具体数值，参见表2-4。

表2-4　2009—2018年辽宁省人均GDP情况

年份	人均GDP/万元	GDP/亿元	年末常住人口/万人
2009	3.50	15 212.49	4341
2010	4.22	18 457.27	4375
2011	5.07	22 226.70	4383
2012	5.66	24 846.43	4389
2013	6.20	27 213.22	4390
2014	6.52	28 626.58	4391

续表

年份	人均GDP/万元	GDP/亿元	年末常住人口/万人
2015	6.54	28 669.02	4382
2016	5.08	22 246.90	4378
2017	5.36	23 409.24	4369
2018	5.81	25 315.35	4359

从表 2-4 中可以看出，2009—2015 年辽宁省人均 GDP 呈逐年上升趋势，分别为 3.50 万元、4.22 万元、5.07 万元、5.66 万元、6.20 万元、6.52 万元和 6.54 万元，这 7 年人均 GDP 均超过当年全国人均 GDP（2.61 万元、3.08 万元、3.63 万元、3.99 万元、4.37 万元、4.70 万元和 5.00 万元）。

到 2016 年，辽宁人均 GDP 随着当年的 GDP 数值一起徒然下落。2016—2018 年，辽宁省人均 GDP 尽管都没有达到全国人均 GDP 当年水平，但这 3 年人均 GDP 的数值却是小步地逐年增长，呈上升态势，即人均 GDP 从 2016 年 5.08 万元，到 2017 年 5.36 万元，再到 2018 年 5.81 万元。近 3 年（2016—2018 年）辽宁人均 GDP 分别排在全国人均 GDP 的第 14 位、第 14 位和第 13 位。

第 3 节　全国 31 个省（区、市）（不含港澳台）研究与试验发展（R&D）经费对比分析

研究与试验发展（R&D）经费指统计年度内全社会实际用于基础研究、应用研究和试验发展的经费支出，包括实际用于研究与试验发展活动的人员劳务费、原材料费、固定资产构建费、管理费及其他费用支出。

根据国家统计局官方网站提供的数据，可以看出近 10 年（2009—2018 年）全国研究与试验发展（R&D）经费逐年增多，呈递进增长态势，即从 2009 年 5802.11 亿元到 2017 年 17 606.10 亿元，再到 2018 年 19 657.00 亿元，首次突破 1.9 万亿元，这充分体现了国家对科技投入的重视。

2009—2018 年，我国共投入研究与试验发展（R&D）经费 123 822 亿元，近 5 年来（2014—2018 年）全国共投入研究与试验发展（R&D）经费 80 125.3 亿元，占 2009—2018 年总量的 64.7%。

辽宁省科技创新区域竞争力分析

同样，我们以国家统计局官方网站数据为依据，对2009—2017年全国31个省（区、市）（不含港澳台）的全社会研究与试验发展（R&D）经费进行了比较与分析，特别针对辽宁省与全国其他30个省（区、市）（不含港澳台）相关数据进行了较为深入的比对研究，旨在为提高辽宁省科技创新区域竞争力提供参考依据。2009—2017年全国31个省（区、市）（不含港澳台）研究与试验发展（R&D）经费具体数据，参见表2-5。

表2-5　2009—2017年全国31个省（区、市）（不含港澳台）研究与试验发展（R&D）经费统计

单位：亿元

地区	2009年	2010年	2011年	2012年	2013年	2014年	2015年	2016年	2017年
河北	134.84	155.44	201.33	245.80	281.90	313.10	350.87	383.40	452.00
山东	519.59	672.00	844.37	1020.30	1175.80	1304.10	1427.19	1566.10	1753.00
辽宁	232.37	287.47	363.83	390.90	445.90	435.20	363.40	372.70	429.90
黑龙江	109.17	123.04	128.78	146.00	164.80	161.30	157.67	152.50	146.60
甘肃	37.26	41.94	48.53	60.50	66.90	76.90	82.72	87.00	88.40
吉林	81.36	75.80	89.13	109.80	119.70	130.70	141.41	139.70	128.00
青海	7.59	9.94	12.58	13.10	13.80	14.30	11.58	14.00	17.90
河南	174.76	211.17	264.49	310.80	355.30	400.00	435.04	494.20	582.10
江苏	701.95	857.95	1065.51	1287.90	1487.40	1652.80	1801.23	2026.90	2260.10
湖北	213.45	264.12	323.01	384.50	446.20	510.90	561.74	600.00	700.60
湖南	153.50	186.56	233.23	287.70	327.00	367.90	412.67	468.80	568.50
浙江	398.84	494.23	598.08	722.60	817.30	907.90	1011.18	1130.60	1266.30
江西	75.89	87.15	96.70	113.70	135.50	153.10	173.18	207.30	255.80
广东	652.98	808.75	1045.49	1236.20	1443.50	1605.40	1798.17	2035.10	2343.60
云南	37.23	44.17	56.08	68.80	79.80	85.90	109.36	132.80	157.80
福建	135.38	170.90	221.52	271.00	314.10	355.00	392.93	454.30	543.10
海南	5.78	7.02	10.37	13.70	14.80	16.90	16.97	21.70	23.10
山西	75.89	89.88	113.39	132.30	155.00	152.20	132.53	132.60	148.20
四川	214.46	264.27	294.10	350.90	400.00	449.30	502.88	561.40	637.80
陕西	189.51	217.50	249.35	287.20	342.70	366.80	393.17	419.60	460.90

第 2 章 全国 31 个省（区、市）（不含港澳台）科技创新环境对比分析

续表

地区	2009年	2010年	2011年	2012年	2013年	2014年	2015年	2016年	2017年
贵州	26.41	29.97	36.31	41.70	47.20	55.50	62.32	73.40	95.90
安徽	135.95	163.72	214.64	281.80	352.10	393.60	431.75	475.10	564.90
内蒙古	52.07	63.72	85.17	101.40	117.20	122.10	136.06	147.50	132.30
广西	47.20	62.87	81.02	97.20	107.70	111.90	105.91	117.70	142.20
西藏	1.44	1.46	1.15	1.80	2.30	2.40	3.12	2.20	2.90
新疆	21.80	26.65	33.00	39.70	45.50	49.20	52.00	56.50	57.00
宁夏	10.44	11.51	15.32	18.20	20.90	23.90	24.58	29.90	38.90
北京	668.64	821.82	936.64	1063.40	1185.00	1268.80	1384.02	1484.60	1579.70
上海	423.38	481.70	597.71	679.50	164.80	862.00	936.14	1049.30	1205.20
重庆	79.46	100.27	128.36	159.80	176.50	201.90	247.00	302.20	364.60
天津	178.47	229.56	297.76	360.50	428.10	464.70	510.18	537.30	458.70

本节统计分析的全国 31 个省（区、市）（不含港澳台）研究与试验发展（R&D）经费是基于 2017 年官方数据（数据来源于国家统计局），从中可以看出近年来全国各地区研究与试验发展经费投入的情况，全国 31 个省（区、市）（不含港澳台）研究与试验发展（R&D）经费投入排名，详见表 2-6。

表 2-6　2017 年全国 31 个省（区、市）（不含港澳台）（R&D）经费投入排名

排名	地区	研究与试验发展（R&D）经费投入/亿元
1	广东	2343.60
2	江苏	2260.10
3	山东	1753.00
4	北京	1579.70
5	浙江	1266.30
6	上海	1205.20
7	湖北	700.60
8	四川	637.80
9	河南	582.10

续表

排名	地区	研究与试验发展（R&D）经费投入/亿元
10	湖南	568.50
11	安徽	564.90
12	福建	543.10
13	陕西	460.90
14	天津	458.70
15	河北	452.00
16	辽宁	429.90
17	重庆	364.60
18	江西	255.80
19	云南	157.80
20	山西	148.20
21	黑龙江	146.60
22	广西	142.20
23	内蒙古	132.30
24	吉林	128.00
25	贵州	95.90
26	甘肃	88.40
27	新疆	57.00
28	宁夏	38.90
29	海南	23.10
30	青海	17.90
31	西藏	2.90
	全国	17 606.00

根据表2-6中的数据可以看出，全国31个省（区、市）（不含港澳台）研究与试验发展（R&D）经费投入的区域差异，2017年研究与试验发展（R&D）经费投入超过1000亿元的地区有6个，分别是广东（2343.60亿元）、江苏（2260.10亿元）、山东（1753.00亿元）、北京（1579.70亿元）、浙江（1266.30亿元）、上海（1205.20亿元），排名居

第2章
全国31个省（区、市）（不含港澳台）科技创新环境对比分析

全国前6位。上述地区研究与试验发展（R&D）经费投入之和占全国研究与试验发展（R&D）经费投入总量的59.10%。

紧随其后的研究与试验发展（R&D）经费投入500亿元以上、1000亿元以下的地区有6个，分别是湖北（700.60亿元）、四川（637.80亿元）、河南（582.10亿元）、湖南（568.50亿元）、安徽（564.90亿元）和福建（543.10亿元），分别排在全国第7至第12位。

研究与试验发展（R&D）经费投入100亿元以上、500亿元以下的地区有12个，分别是陕西（460.90亿元）、天津（458.70亿元）、河北（452.00亿元）、辽宁（429.90亿元）、重庆（364.60亿元）、江西（255.80亿元）、云南（157.80亿元）、山西（148.20亿元）、黑龙江（146.60亿元）、广西（142.20亿元）、内蒙古（132.30亿元）和吉林（128.00亿元），分别排在全国第13至第24位。

排在全国后7位的地区，其研究与试验发展（R&D）经费投入均低于100亿元，分别是贵州（95.90亿元）、甘肃（88.40亿元）、新疆（57.00亿元）、宁夏（38.90亿元）、海南（23.10亿元）、青海（17.90亿元）、西藏（2.90亿元），这7个地区研究与试验发展（R&D）经费投入合计仅占全国研究与试验发展（R&D）经费投入总量的1.80%。

近3年（2015—2017年）辽宁省研究与试验发展（R&D）经费投入在全国分别排在第15位（2015年）和第16位（2016年、2017年）。

2009—2014年辽宁研究与试验发展（R&D）经费投入从2009年232.37亿元稳步上升，到2014年投入达到435.20亿元，然后2015年、2016年经过小幅度波动，下滑到2015年的363.40亿元和2016年的372.70亿元，到2017年有了上升的趋势，到达429.90亿元。

根据上述统计不难看出，我国31个省（区、市）（不含港澳台）的研究与试验发展（R&D）经费投入差距巨大。各地区研究与试验发展（R&D）经费投入与地区经济发展程度相关，与地区国内生产总值呈正比，即：研究与试验发展（R&D）经费投入数额高的地区，其国内生产总值也高，相反，国内生产总值低的地区，其研究与试验发展（R&D）经费投入数额相应也低。例如，2017年广东、江苏、山东、北京、浙江、上海这6个地区的研究与试验发展（R&D）经费投入都超过1000亿元，这些地区经济发达、活跃，国内生产总值在全国排名也靠前；而贵州、甘肃、新疆、宁夏、海南、青海和西藏这些地区经济相对落后，国内生产总值在全国排名靠后，其研究与试验发展（R&D）经费投入的数额相对较低。

第 4 节　全国 31 个省（区、市）（不含港澳台）研究与试验发展（R&D）经费投入强度对比分析

研究与试验发展（R&D）经费投入强度指全社会研究与试验发展（R&D）经费支出与国内生产总值（GDP）之比。通常把研究与试验发展（R&D）经费投入强度在 2% 以上、科技进步贡献率达 70% 以上、自主创新能力强、创新产出高这 4 个指标，作为衡量一个国家（地区）是否成为创新型国家（地区）的标准。

根据国家统计局官方网站发布的数据，2017 年全国国内生产总值（GDP）820 754.30 亿元，全国共投入研究与试验发展（R&D）经费 17 606.1 亿元，得出全国 2017 年研究与试验发展（R&D）经费投入强度为 2.15%，同时得出全国 31 个省（区、市）（不含港澳台）研究与试验发展（R&D）经费投入强度及排名，参见表 2-7。

表 2-7　2017 年全国 31 个省（区、市）（不含港澳台）研究与试验发展（R&D）经费投入强度排名

单位：亿元

排名	地区	研究与试验发展（R&D）经费投入	GDP	R&D 投入强度
1	北京	1579.70	28 014.94	5.64%
2	上海	1205.20	30 632.99	3.93%
3	江苏	2260.10	85 869.76	2.63%
4	广东	2343.60	89 705.23	2.61%
5	天津	458.70	18 549.19	2.47%
6	浙江	1266.30	51 768.26	2.45%
7	山东	1753.00	72 634.15	2.41%
8	陕西	460.90	21 898.81	2.10%
9	安徽	564.90	27 018.00	2.09%
10	湖北	700.60	35 478.09	1.97%
11	辽宁	429.90	23 409.24	1.84%
12	重庆	364.60	19 424.73	1.88%
13	四川	637.80	36 980.22	1.72%
14	福建	543.10	32 182.09	1.69%

续表

排名	地区	研究与试验发展（R&D）经费投入	GDP	R&D投入强度
15	湖南	568.50	33 902.96	1.68%
16	河北	452.00	34 016.32	1.33%
17	河南	582.10	44 552.83	1.30%
18	江西	255.80	20 006.31	1.28%
19	甘肃	88.40	7459.90	1.19%
20	宁夏	38.90	3443.56	1.13%
21	云南	157.80	16 376.34	0.96%
22	山西	148.20	15 528.42	0.95%
23	黑龙江	146.60	15 902.68	0.92%
24	吉林	128.00	14 944.53	0.86%
25	内蒙古	132.30	16 096.21	0.82%
26	广西	142.20	18 523.26	0.77%
27	贵州	95.90	13 540.83	0.71%
28	青海	17.90	2624.83	0.68%
29	新疆	57.00	10 881.96	0.52%
30	海南	23.10	4462.54	0.52%
31	西藏	2.90	1310.92	0.25%

从表2-7可以看出，超过全国研究与试验发展（R&D）经费投入强度的地区有7个，分别是北京（5.64%）、上海（3.93%）、江苏（2.63%）、广东（2.61%）、天津（2.47%）、浙江（2.45%）和山东（2.41%），居全国前7位。

投入强度超过2.00%，低于全国研究与试验发展（R&D）经费投入强度的地区有陕西（2.10%）和安徽（2.09%），居全国第8和第9位。

研究与试验发展（R&D）经费投入强度超过1.00%、低于2.00%的有11个地区，分别是湖北（1.97%）、辽宁（1.84%）、重庆（1.88%）、四川（1.72%）、福建（1.69%）、湖南（1.68%）、河北（1.33%）、河南（1.30%）、江西（1.28%）、甘肃（1.19%）、宁夏（1.13%），分别排在全国第10至第20位。

研究与试验发展（R&D）经费投入强度排在全国后 11 位的地区，投入强度均不足 1.00%，分别是云南（0.96%）、山西（0.95%）、黑龙江（0.92%）、吉林（0.86%）、内蒙古（0.82%）、广西（0.77%）、贵州（0.71%）、青海（0.68%）、新疆（0.52%）、海南（0.52%）、西藏（0.25%）。

辽宁省 2017 年研究与试验发展（R&D）经费投入为 429.90 亿元，研究与试验发展（R&D）经费投入强度为 1.84%，低于全国研究与试验发展（R&D）经费投入强度，居全国第 11 位。

辽宁省 2009—2017 年研究与试验发展（R&D）经费强度从未到达 2.00%，即 2009 年（1.53%）、2010 年（1.56%）、2011 年（1.64%）、2012 年（1.57%）、2013 年（1.64%）、2014 年（1.52%）、2015 年（1.27%）、2016 年（1.68%）、2017 年（1.84%）。

为了加速实现创新型省份，加大研究与试验发展（R&D）经费投入，辽宁省政府办公厅出台了《辽宁省实施科技成果转移转化三年行动计划（2018—2020 年）》（辽政发〔2018〕22 号）文件，其中提到，"到 2020 年，辽宁省研究与试验发展（R&D）经费支出占地区生产总值比重力争达到 2.3%，以促进区域自主创新能力和科技进步贡献率"。

根据上述统计分析，可以看出研究与试验发展（R&D）经费投入强度与地区经济及地区对科技发展和研发投入的重视程度等综合因素息息相关。例如，研究与试验发展（R&D）经费投入强度超过全国投入强度的北京、上海、江苏、广东、天津、浙江、山东，这些地区经济较发达，国内生产总值领先全国其他地区，拥有的重点高等院校、重要科研院所，以及高新技术企业的数量在全国排名均靠前。相反，云南、山西、黑龙江、吉林、内蒙古、广西、贵州、青海、新疆、海南和西藏地区研究与试验发展（R&D）经费投入强度均不足 1.00%，其经济及科研和教育的基础条件都处于全国较靠后的位置。因此，一个地区要增加研究与试验发展（R&D）经费投入，首先要有稳定的经济基础做保障，同时还要有较好的科技基础条件和良好的科技创新环境，才能使研究与试验发展经费投入加大成为可能。

第 5 节 全国 31 个省（区、市）（不含港澳台）院士工作地分布对比分析

截至 2018 年年末，我国拥有两院院士共计 1631 人，其中，中国科学院院士 778 人，中国工程院院士 853 人。

第 2 章

全国 31 个省（区、市）（不含港澳台）科技创新环境对比分析

据中国科学院官方网站发布的信息，中国科学院院士共有 778 人，分布在数学物理学部（147 人）、化学部（126 人）、生命科学和医学学部（146 人）、地学部（128 人）、信息技术科学部（94 人）和技术科学部（137 人），详见图 2-1。

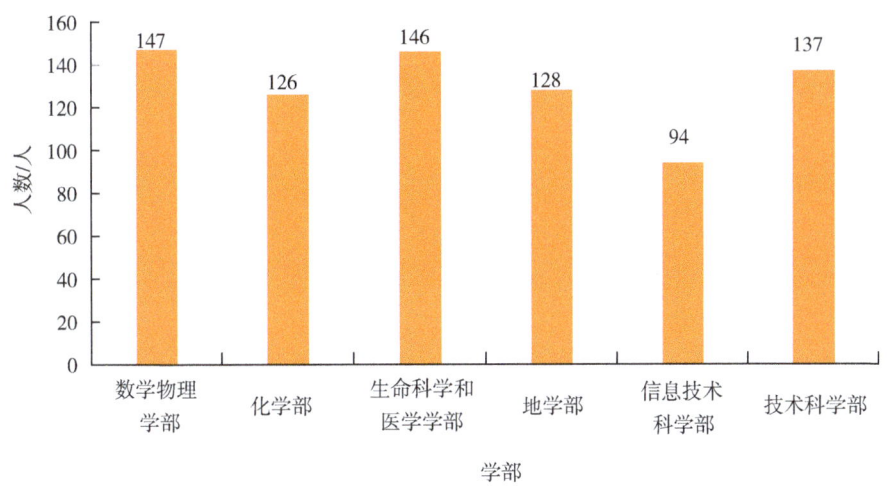

图 2-1　中国科学院院士学部分布

中国科学院院士按工作地分布在全国 25 个省（区、市）（不含港澳台），参见图 2-2。

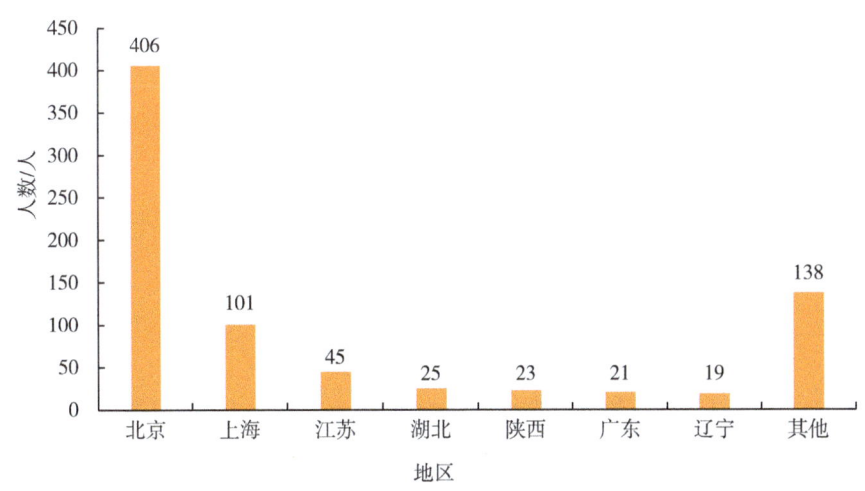

图 2-2　中国科学院院士工作地分布

从图 2-2 可以看出，中国科学院 778 名院士按工作地分布，北京市 406 人、上海市 101 人、江苏省 45 人、湖北省 25 人、陕西省 23 人、广东省 21 人、辽宁省 19 人，以上

省市共有院士 640 人，占全体院士的 82.3%，其他 138 名院士主要分布在浙江、安徽、福建和吉林等经济、教育和工业较为发达的地区。

根据中国工程院官方网站发布的信息，中国工程院院士共有 853 人，分布在机械与运载工程学部（122 人）、信息与电子工程学部（122 人）、化工、冶金与材料工程学部（106 人）、能源与矿业工程学部（117 人）、土木、水利与建筑工程学部（104 人）、环境与轻纺工程学部（55 人）、农业学部（77 人）、医药卫生学部（117 人）、工程管理学部（33 人），详见图 2-3。

中国工程院 853 名院士按工作地分布，排在全国前 10 位的分别是北京（284 人）、上海（62 人）、江苏（40 人）、陕西（23 人）、辽宁（22 人）、四川（22 人）、湖北（21 人）、黑龙江（21 人）、湖南（19 人）、山东（15 人），以上省市共有院士 529 人，占院士总数的 62.0%，其他 324 名院士主要分布在天津、浙江和重庆等高等院校较为集中的地区，而部分西部欠发达地区工程院院士占有数量相对较少。

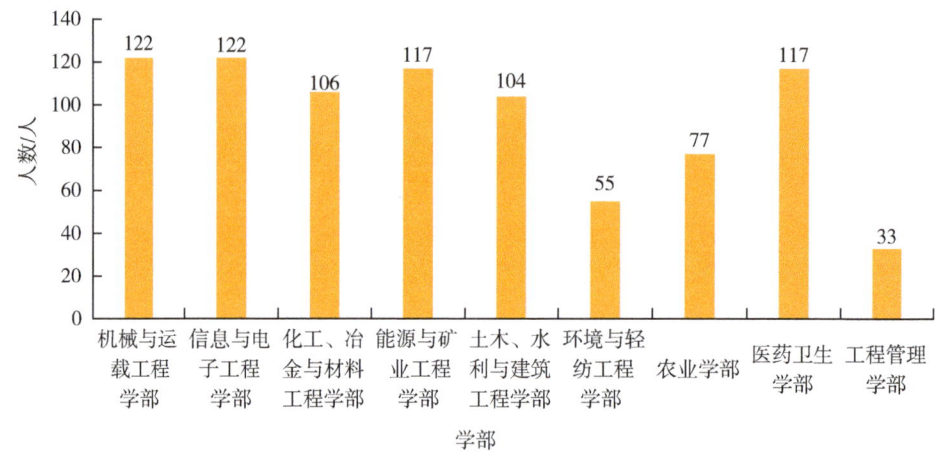

图 2-3 中国工程院院士学部分布

从上面的数据可以看出，拥有两院院士最多的是北京，排在全国第 1 位，拥有院士 690 人；排在第 2 位的是上海，拥有院士 163 人；排在第 3 位的是江苏，拥有院士 85 人；排在第 4 位和第 5 位的分别是湖北和陕西，均拥有院士 46 人；辽宁排在第 6 位，拥有院士 41 人；排在后几位的西藏、海南、青海、宁夏和江西，均拥有院士 1 人。

按照目前中国科学院和中国工程院两个官方网站发布的数据显示，在辽宁工作的中国科学院院士 19 人，中国工程院院士 22 人，院士共计 41 人。但根据辽宁省科学技术厅 2018 年年末发布的官方权威信息，辽宁两院院士已达到 52 人，其中，中国科学院院士

23 人，中国工程院院士 29 人。

根据上述分析可以看出，全国院士工作地分布严重不均衡。院士主要分布在科学技术和工业发达地区，以及重要研究机构和重点高等院校集中的地区，而经济、科技和教育相对落后的地区院士数量相对较少。例如，北京作为首都及中科院总部所在地，其大部分研究院所、重点高等院校也集中于此，使北京集聚了大量的两院院士。上海和江苏属经济发达地区，综合实力强，因此这两地也集中了很多院士。湖北和陕西是科研和教育大省，集中很多"985 工程""211 工程"和"双一流"高等院校及科研院所，故两院院士数量相对也较多。然而，宁夏、青海、海南和西藏地区，由于经济、教育和科研基础比其他地区相对落后，科研院所和重点高等院校数量较少，这是导致上述地区院士数量较少的主要原因。

为此我们呼吁，国家应加大力度均衡各地区经济和科技的协调发展，包括科研机构和高等院校均衡布局，因为任何一个科技落后的地区，都会影响到国家整体科技创新水平的提升。

第 6 节　全国 31 个省（区、市）（不含港澳台）主要科研机构对比分析

一、全国 31 个省（区、市）（不含港澳台）国家重点实验室

科技部官方网站于 2018 年 5 月 21 日发布了《2016 年国家重点实验室年度报告》，报告中国家重点实验室不包括省部共建国家重点实验室和企业国家重点实验室。截至 2016 年年底，正在运行的国家重点实验室共有 254 家，分布在数学科学（15 家）、材料科学（21 家）、化学科学（25 家）、信息科学（32 家）、医学科学（34 家）、生物科学（40 家）、工程科学（43 家）和地球科学（44 家）8 个学科领域和全国 25 个省（区、市）（不含港澳台）。具体情况参见表 2-8。

表 2-8　2016 年全国 31 个省（区、市）（不含港澳台）国家重点实验室分布

序号	地区	国家重点实验室/家	序号	地区	国家重点实验室/家
1	北京	79	17	山东	3
2	上海	32	18	贵州	2

续表

序号	地区	国家重点实验室/家	序号	地区	国家重点实验室/家
3	江苏	20	19	云南	2
4	湖北	18	20	山西	2
5	陕西	13	21	河北	1
6	广东	11	22	广西	1
7	吉林	10	23	新疆	1
8	浙江	9	24	安徽	1
9	四川	9	25	河南	1
10	辽宁	8	26	江西	0
11	甘肃	7	27	宁夏	0
12	天津	6	28	内蒙古	0
13	重庆	5	29	海南	0
14	湖南	5	30	青海	0
15	福建	4	31	西藏	0
16	黑龙江	4		全国	254

从表2-8中可以看出，拥有国家重点实验室数量排在全国前3位的分别是北京（79家）、上海（32家）和江苏（20家）。

然后是湖北、陕西、广东和吉林，这4个省拥有国家重点实验室达到10家以上（含10家）。

拥有国家实验室5家以上（含5家）、10家以下的地区，分别是浙江、四川、辽宁、甘肃、天津、重庆和湖南。

排位较后的地区，拥有国家重点实验室大于等于1家、少于5家，分别是福建、黑龙江、山东、贵州、云南、山西、河北、广西、新疆、安徽和河南。

辽宁省2016年拥有国家重点实验室8家，排在全国第10位。近年来，随着辽宁科技创新投入力度的不断加大，国家重点实验室在辽宁的数量也逐年增多，2018年年底，辽宁拥有国家重点实验室已达到19家。

国家重点实验室的布局可以反映出我国基础研究力量的地域分布，从上述分析可以看到，我国重点实验室分布不均衡，主要集中在经济、高等教育和科技实力发达地区，

第 2 章
全国 31 个省（区、市）（不含港澳台）科技创新环境对比分析

如北京、上海、江苏，这些地区国家重点实验室分布的密度较大，二地区国家重点实验室的数量之和占全国总数量的 51.6%，而北京拥有国家重点实验室的数量几乎是上海和江苏两地数量之和。经济相对落后的地区，其科研经费投入较少，科技实力较弱，国家重点实验室数量相对也较少，或者根本就没有。为此，我们建议国家应结合区域特点，宏观调控各地区的科研基础条件建设，使各地区国家重点实验室的区域布局均衡，充分发挥国家重点实验室引领各地区科技创新的优势作用。

二、全国 31 个省（区、市）（不含港澳台）省部级重点实验室

省部级重点实验室主要集中在高等院校、科研院所，并且每年数量增长比例较大。2018 年辽宁省新增省级重点实验室 50 家。截至目前，辽宁省省部级重点实验室累计达 491 家。尽管辽宁省逐年加大基础研究投入力度，但仍与广东、江浙等经济发达地区有较大的差距，目前辽宁省省级重点实验室的拥有数量在全国位于中下游。

三、全国 31 个省（区、市）（不含港澳台）国家工程技术研究中心

根据 2018 年 5 月 21 日科技部官方网站发布的《2016 年国家工程技术研究中心年度报告》，截至 2016 年年底，全国共建成国家工程技术中心（简称国家工程中心）347 家、分中心 13 家，共计 360 家，涵盖的技术领域包括先进制造业（46 家）、信息通信与空间遥感（29 家）、材料（67 家）、能源（17 家）、交通（25 家）、科技服务（3 家）、种植业（30 家）、养殖业（12 家）、食品加工（13 家）、农用物资装备（19 家）、农林生态环境（10 家）、资源开发（15 家）、环境保护（17 家）、社会事业（17 家）、生物技术和人口健康（40 家），分布于全国 30 个省（区、市）（不含港澳台），各地区分布参见表 2-9。

表 2-9　2016 年全国 31 个省（区、市）（不含港澳台）国家工程技术中心区域分布

序号	地区	国家工程技术中心/家	序号	地区	国家工程技术中心/家
1	北京	64	17	福建	7
2	山东	36	18	陕西	7
3	江苏	29	19	新疆	6
4	广东	23	20	河北	5
5	上海	22	21	吉林	5

续表

序号	地区	国家工程技术中心/家	序号	地区	国家工程技术中心/家
6	湖北	19	22	贵州	5
7	四川	16	23	甘肃	5
8	浙江	14	24	云南	4
9	湖南	14	25	广西	3
10	辽宁	12	26	宁夏	3
11	天津	11	27	内蒙古	2
12	河南	10	28	海南	2
13	重庆	10	29	山西	1
14	安徽	9	30	青海	1
15	江西	8	31	西藏	0
16	黑龙江	7		全国	360

从表2-9中可以看出，北京市拥有64家国家工程技术中心，排在全国之首，占国家工程技术中心总数的17.8%；山东、江苏、广东和上海均拥有20家以上的国家工程技术研究中心，这4个地区国家工程技术研究中心数量之和占国家工程技术中心总数的30.6%；拥有国家工程技术研究中心20家以下、10家以上（含10家）的省市分别是湖北、四川、浙江、湖南、辽宁、天津、河南、重庆。

辽宁拥有12家国家工程技术研究中心，排在全国第10位。

排名靠后的地区有云南、广西、宁夏、内蒙古、海南、山西、青海，这些地区国家工程技术研究中心拥有数量均大于等于1家、少于5家。

通过上述统计可以看出，国家工程技术中心地域分布不均衡，主要集中在科技和经济发达的地区，呈东部多、西部少、东北和西北较少的特点。

四、全国31个省（区、市）（不含港澳台）高新技术企业对比分析

2018年年末全国高新技术企业达到18.9万家，拥有高新技术企业数量最多的全国前10个地区分别是广东、北京、江苏、浙江、上海、山东、湖北、河北、安徽和四川。辽宁排在天津、湖南 江西之后，位居全国第14位。排在后10位的地区分别是贵州、黑龙江、甘肃、吉林、内蒙古、新疆、海南、青海、宁夏和西藏，详见表2-10。

第 2 章

全国 31 个省（区、市）（不含港澳台）科技创新环境对比分析

表 2-10 2018 年全国 31 个省（区、市）（不含港澳台）高新企业数量排名

排名	地区	高新企业数量/家	排名	地区	高新企业数量/家
1	广东	49 457	17	陕西	2559
2	北京	24 691	18	重庆	2490
3	江苏	21 278	19	广西	1868
4	浙江	12 361	20	云南	1758
5	上海	11 321	21	山西	1630
6	山东	6746	22	贵州	1375
7	湖北	6500	23	黑龙江	1150
8	河北	5844	24	甘肃	1031
9	安徽	5403	25	吉林	899
10	四川	5302	26	内蒙古	887
11	天津	5038	27	新疆	599
12	湖南	4500	28	海南	381
13	江西	3971	29	青海	167
14	辽宁	3714	30	宁夏	152
15	福建	3548	31	西藏	50
16	河南	2910		全国	189 580

从表 2-10 我们可以看出，拥有上万家高新技术企业的地区分别有广东、北京、江苏、浙江和上海。

拥有 1 万家以下、5000 家以上的地区分别有山东、湖北、河北、安徽、四川和天津。

拥有 5000 家以下、1000 家以上的地区有湖南、江西、辽宁、福建、河南、陕西、重庆、广西、云南、山西、贵州、黑龙江和甘肃。

高新技术企业数量少于 1000 家的地区，同时也是全国排名后 7 位的地区，分别是吉林、内蒙古、新疆、海南、青海、宁夏和西藏，其中青海、宁夏和西藏这 3 个地区高新技术企业数量合计不足 400 家。

辽宁拥有高新技术企业已达 3714 家，排在全国第 14 位，主要集中在装备制造、新能源等行业。

这里要说明的是，高新技术企业数量全国排名第一的广东，其GDP在全国也排第1位。其高新技术企业数量之多和近年来广东经济发展速度快、不断加大科技研发投入力度、促进产业转型有着直接的联系。排在第2位的北京，作为首都，拥有较强大的科研资源基础条件，在发展高新技术企业方面有着得天独厚的优势。排在第3位的江苏，2018年该省GDP排在全国第2位，仅次于广东。可以看出，一个地区的经济发展离不开高新技术企业，高新技术企业也受用于当地快速发展的经济做支撑，经济的高速发展和高新技术企业数量相辅相成。

排名靠后的地区，如西藏、宁夏和青海，高新技术企业数量不足200家，这些地区经济也比其他地区落后，GDP在国内排名较靠后，与这些地区高新技术企业数量较少有一定的关联性。

从全国范围上看，我国高新技术企业布局不均衡，南北、东西差异显著，西部和北部地区高新技术企业数量相对较少。为此，我们建议，国家应加大对西部和北部地区高新技术企业的培育和扶持力度，减少各地区之间高新技术企业分布不均衡的现象。

五、全国31个省（区、市）（不含港澳台）"985工程""211工程"和"双一流"高等院校对比分析

高等院校作为区域科技创新体系中科技创新的主要源头，在科技创新中起着不可忽视的作用，高等院校的数量和质量也是评价一个国家（地区）科技创新区域竞争力的重要指标之一。目前，全国有"985工程"高等院校39所、"211工程"高等院校116所、"双一流"高等院校137所，分布在全国各地区，其中，全国39所"985工程"高等院校中，拥有数量全国排名前三的地区分别是北京（8所）、上海（4所）、陕西（3所）和湖南（3所），其中陕西和湖南并列排在第3位，这4个地区"985工程"高等院校数量之和占全国总数的46.2%。然后是并列排在全国第5位的是拥有2所"985工程"高等院校的地区，分别是江苏、四川、湖北、天津、广东、辽宁和山东，这些地区"985工程"高等院校数量之和占总量的35.9%。最后是黑龙江、吉林、浙江、安徽、重庆、甘肃和福建，这些地区分别拥有"985工程"高等院校1所，占总量的17.9%，详见图2-4。

全国116所"211工程"高等院校中，排名前5位的分别是北京（26所）、江苏（11所）、上海（10所）、陕西（8所）和湖北（7所），这5个地区"211工程"高等院校数量之和占总量的53.4%；辽宁拥有"211工程"高等院校4所，与广东、黑龙江和湖南并列排在全国第7位；拥有3所"211工程"高等院校的有天津、山东、吉林、安

徽；拥有 2 所"211 工程"高等院校的有福建、重庆、河北和新疆；拥有 1 所"211 工程"高等院校的有甘肃、海南、河南、西藏、江西等地，详见图 2-5。

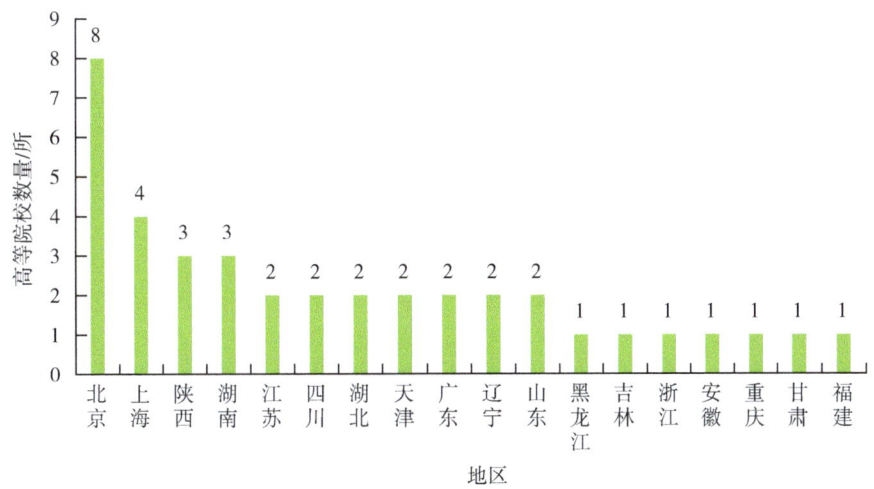

图 2-4　全国 39 所"985 工程"高等院校地区分布

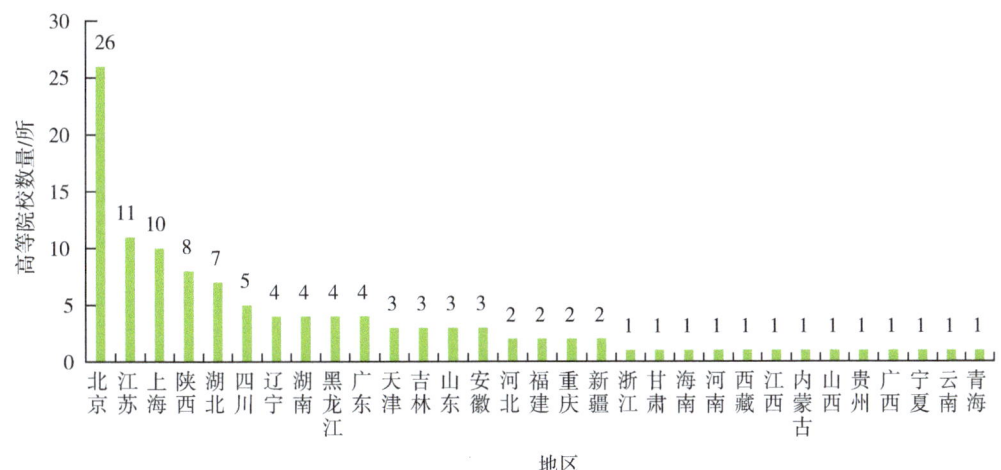

图 2-5　全国 116 所"211 工程"高等院校各地区分布

全国 137 所"双一流"高等院校（一流高等院校 42 所，一流学科高等院校 95 所）在全国各地区分布情况，详见表 2-11。

表2-11 全国31个省（区、市）（不含港澳台）"双一流"建设高校数量排名

单位：所

排名	地区	"双一流"高等院校	一流高等院校	一流学科高等院校
1	北京	33	8	25
2	江苏	15	2	13
3	上海	14	4	10
4	陕西	8	3	5
5	四川	8	2	6
6	湖北	6	2	4
7	天津	5	2	3
8	广东	5	2	3
9	湖南	4	3	1
10	辽宁	4	2	2
11	黑龙江	4	1	3
12	吉林	3	1	2
13	安徽	3	1	2
14	山东	2	2	0
15	福建	2	1	1
16	河南	2	1	1
17	重庆	2	1	1
18	浙江	2	1	1
19	新疆	2	1	1
20	河北	2	0	2
21	甘肃	1	1	0
22	云南	1	1	0
23	宁夏	1	0	1
24	海南	1	0	1
25	广西	1	0	1
26	青海	1	0	1

第 2 章
全国 31 个省（区、市）（不含港澳台）科技创新环境对比分析

续表

排名	地区	"双一流"高等院校	一流高等院校	一流学科高等院校
27	贵州	1	0	1
28	山西	1	0	1
29	江西	1	0	1
30	内蒙古	1	0	1
31	西藏	1	0	1
	全国	137	42	95

从表 2-11 可以看出，"双一流"高等院校全国排名前十的地区分别是北京（33 所）、江苏（15 所）、上海（14 所）、陕西（8 所）、四川（8 所）、湖北（6 所）、天津（5 所）、广东（5 所）、湖南（4 所）、辽宁（4 所）。

全国排名在第 11 至第 20 位的分别是黑龙江、吉林、安徽、山东、福建、河南、重庆、浙江、新疆和河北。这里需说明的是河北没有一流高等院校，仅有 2 个一流学科高等院校。

全国排名后 11 位的分别是甘肃、云南、宁夏、海南、广西、青海、贵州、山西、江西、内蒙古和西藏。这些地区中，除甘肃和云南分别拥有 1 所一流高等院校外，其他地区都没有一流高等院校，仅有一流学科高等院校，全国 31 个省（区、市）（不含港澳台）"双一流"高等院校详情，参见图 2-6。

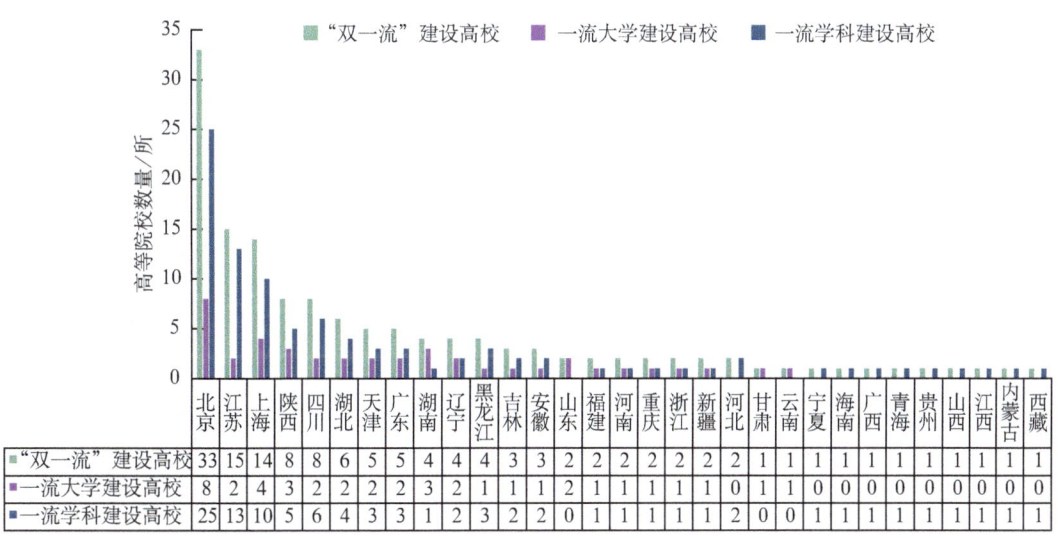

图 2-6 全国 31 个省（区、市）（不含港澳台）"双一流"建设高等院校地区分布

辽宁省科技创新区域竞争力分析

从上述统计可以看出，全国"985工程""211工程"和"双一流"高等院校分布极其不均衡，主要集中在经济和教育发达地区，如北京、上海、江苏等地区。北京作为首都，由于历史原因和发达的经济，其拥有的高等院校数量，特别是高质量的高等院校数量最多，遥遥领先于其他地区；而经济落后的地区，如广西、贵州、海南、江西、内蒙古、宁夏、青海、山西、西藏等地，其高等院校数量和质量都受到了局限，这正如马太效应，强者愈强、弱者愈弱。

值得关注的是，辽宁省"985工程""211工程"和"双一流"高等院校数量在全国分别排在第5位、第7位和第10位。"985工程"高等院校分别是大连理工大学和东北大学；"211工程"高等院校分别是大连理工大学、东北大学、大连海事大学和辽宁大学；"双一流"高等院校，即一流高等院校2所，分别是大连理工大学和东北大学，一流学科高等院校分别是大连海事大学和辽宁大学。

为加强辽宁省"双一流"高等院校建设力度，辽宁省政府于2017年正式出台《辽宁省统筹推进世界一流大学和一流学科建设实施方案》，其中确定了22所"辽宁省一流大学重点建设高校"（含2所部属高校）、65个辽宁省重点建设"一流学科"，并提出到2020年，辽宁省5所省属高校要进入全国高水平大学行列，5所进入行业领先研究应用型大学行列，5所成为全国知名的高水平应用型大学。在加速推进"双一流"高等院校建设中，辽宁省政府应加大高等院校的经费投入，吸引更多的高端人才加入到辽宁省高等院校建设之中，让更多的一流高等院校和一流学科高等院校引领辽宁省在科技创新区域竞争的征途上发挥其应有的作用。

本章小结

本章通过对全国31个主要地区的国内生产总值（GDP）、人均GDP、研究与试验发展（R&D）经费、研究与试验发展（R&D）经费投入强度、院士工作地分布、国家重点实验室、省级重点实验室、国家工程技术研究中心、高新技术企业、重点高等院校进行了较为深入的横向对比分析，特别针对辽宁省进行了相应的对比分析和研究，得到以下分析结果。

①辽宁省在以下5个方面排在全国中间位置，即国内生产总值（GDP）（排全国第14位）、人均GDP（排全国第13位）、研究与试验发展（R&D）经费（排全国第16位）、研究与试验发展（R&D）经费投入强度（排全国第11位）、高新企业数量（排全国第14位）。

第 2 章
全国 31 个省（区、市）（不含港澳台）科技创新环境对比分析

②辽宁省在以下 6 个方面全国排位比较靠前，即工作在辽宁省的两院院士数量（排全国第 6 位）、国家重点实验室数量（排全国第 10 位）、国家工程技术中心（排全国第 10 位），以及"985 工程"高等院校数量（排全国第 5 位）、"211 工程"高等院校数量（排全国第 7 位）、"双一流"高等院校数量（全国排第 10 位）。

由上述分析结果来看，辽宁省科技创新基础条件较好，但由于整体的创新环境不佳，使其未充分发挥其应有的作用。

第 3 章
基于专利的区域科技创新竞争力对比分析

专利作为技术信息最有效的载体，囊括了全球 90% 以上的最新技术情报，专利文献公开的技术有 80% 以上未出现在其他技术文献中。专利信息是集技术、法律、经济信息于一体的基础性、战略性信息资源，充分有效地加以挖掘和利用可以快速提升相关产业的技术能力和创新能力。专利是科技创新和科学发明的结合，不仅能反映科学技术发展的最新动态，还能传递出重要的竞争情报，甚至是某些商业信息资源。专利统计分析数据也是不同地区间进行科技实力评价、科技产出对比、市场竞争力比较的重要指标。专利分析过程是在大量翻阅相关专利的基础上，通过对专利文献信息的内容、数量及数量的变化等方面关键研究，找出专利的分布规律及发展趋势，将大量的、杂乱的、零碎的、原始的、孤立的信息转化成系统的、有价值的认识，实现量变到质变，找出专利文献信息之间的相关联性，挖掘隐藏的事实真相，进而掌握产业的技术实力、跟踪竞争对手的研发重点和方向、制定市场发展策略、捕捉技术变革、保护知识产权、合理专利布局，以此来增强区域核心竞争优势、提升区域科技竞争力。

基于专利的区域科技创新竞争力分析应是由多个分析子模块组成，它们相互关联、相互依存，其评价指标也是由多个指标组成的相互关联、相互依存的指标群，从而全面准确地反映该区域竞争力的现实情况。本章以 2009—2018 年十年间国家知识产权出版社出版的中国专利数据库为依据，以辽宁为基点，选取全国内地 31 个省（区、市）（不含港澳台）及辽宁地区地级市间的专利申请量、专利授权量、IPC 技术分类、专利运营情况等指标，以及借助前两章给出的区域国民经济生产总值（GDP）、研究与试验发展（R&D）经费、年末常住人口等数据计算出各地区的专利密度、专利强度、专利效率，通过系统的分析，得到以专利为分析目标的区域科技创新竞争力对比评价，系统评价出辽宁省科技创新区域竞争力水平及在全国所处位置。本章基于专利的区域科技创新竞争力评价指

第 3 章
基于专利的区域科技创新竞争力对比分析

标体系的建立遵循了 6 种基本原则：科学性原则、全面性原则、可行性原则、时效性原则、区域性原则、目的性原则。采用 3 种评价分析方法：纵向与横向比较分析法、定量与定性分析法、指标体系分析法。

第 1 节 全国 31 个省（区、市）（不含港澳台）专利申请情况分析

一、全国 31 个省（区、市）（不含港澳台）专利申请总量对比分析

专利申请量是指专利机构受理技术发明申请专利的数量。专利申请数量可以很好地衡量某一地区的科技创新水平和规模，反映区域申请人谋求专利保护的积极性和技术的独占性。以中国国家知识产权局知识产权出版社出版的中国专利数据库为数据源，通过制定申请日为 2009—2018 年与国省代码为组合检索策略，可以得到近十年我国内地 31 个省（区、市）（不含港澳台）的专利申请情况，按照专利申请量降序排列，如图 3-1 所示，并将辽宁省的专利申请数量与之对比，从而得到辽宁省专利申请方面在全国所处的地位。

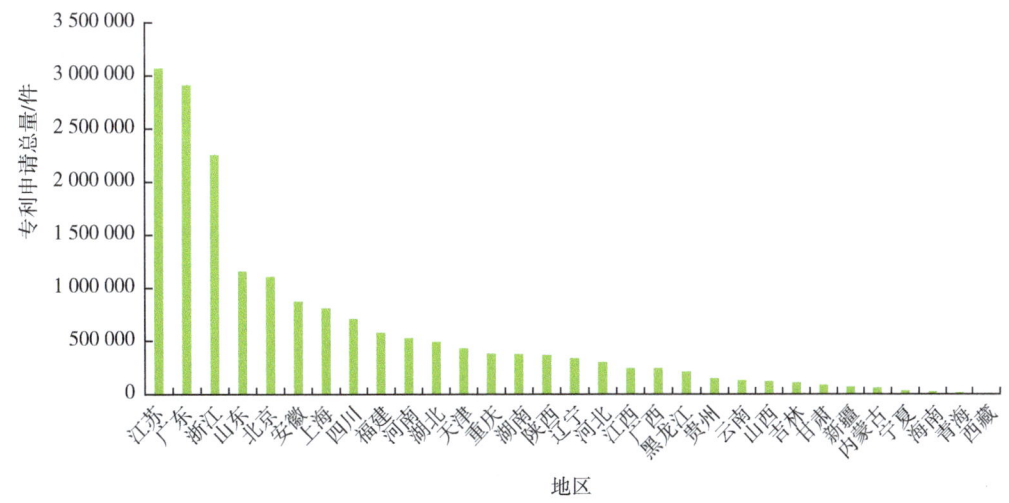

图 3-1　2009—2018 年全国 31 个省（区、市）（不含港澳台）专利申请总量分布

通过检索统计，得到 10 年间 31 个地区在国家知识产权局申请的专利数量排名及占比，参见表 3-1，总量达到 18 197 386 件。从图 3-1 和表 3-1 中可看到，江苏排第 1 位，

辽宁省科技创新区域竞争力分析

共有 3 070 143 件专利，占全部专利数的 16.87%；广东排第 2 位，共有 2 913 193 件专利，占全部专利数的 16.01%；浙江排第 3 位，共有 2 257 259 件专利，占全部专利数的 12.40%；山东排第 4 位，共有 1 159 924 件专利，占全部专利数的 6.37%；北京排第 5 位，共有 1 109 363 件专利，占全部专利数的 6.54%；辽宁排第 16 位，专利申请数为 337 796 件，占全部专利数的 1.86%，与排名第一的江苏相差 2 732 347 件专利，低于全国平均水平 249 217 件专利。从地域上来看，江浙、广东沿海一带专利申请总量明显比东北、西北等内陆地区高出很多，处在遥遥领先的地位；北京虽然作为一个直辖市，但专利申请总量排第 5 位，从这一点上足可以说明北京的科技创新能力及知识产权保护意识是比较强的；辽宁省的专利申请数量处于全国的中间位置，在东北三省中排第 1 位，但与沿海等发达地区还是有一定的差距。

表 3-1　2009—2018 年全国 31 个省（区、市）（不含港澳台）专利申请量排名

排名	地区	申请量/件	占比	排名	地区	申请量/件	占比
1	江苏	3 070 143	16.87%	17	河北	299 877	1.65%
2	广东	2 913 193	16.01%	18	江西	244 827	1.35%
3	浙江	2 257 259	12.40%	19	广西	244 492	1.34%
4	山东	1 159 924	6.37%	20	黑龙江	211 635	1.16%
5	北京	1 109 363	6.10%	21	贵州	147 471	0.81%
6	安徽	876 208	4.82%	22	云南	127 741	0.70%
7	上海	812 882	4.47%	23	山西	120 105	0.66%
8	四川	713 007	3.92%	24	吉林	108 595	0.60%
9	福建	580 453	3.19%	25	甘肃	85 872	0.47%
10	河南	526 898	2.90%	26	新疆	69 379	0.38%
11	湖北	492 393	2.71%	27	内蒙古	58 489	0.32%
12	天津	429 704	2.36%	28	宁夏	31 742	0.17%
13	重庆	380 803	2.09%	29	海南	22 725	0.12%
14	湖南	376 861	2.07%	30	青海	15 103	0.08%
15	陕西	368 817	2.03%	31	西藏	3629	0.02%
16	辽宁	337 796	1.86%				
专利申请总量/件						18 197 386	
专利申请平均量/件						587 013	

第3章
基于专利的区域科技创新竞争力对比分析

二、全国 31 个省（区、市）（不含港澳台）专利年度申请趋势对比分析

通过专利年度申请趋势可以清楚地看出区域专利投入的发展走势，可以很好地了解每个地区历年来专利申请情况。过去 10 年全国 31 个省（区、市）（不含港澳台）总计专利申请量趋势参见图 3-2 和表 3-2。通过图 3-2 可知，全国 31 个省（区、市）（不含港澳台）专利申请量大都呈逐年递增的趋势，走势持续走高。专利申请量的递增反映了创新主体对于提高自身创新能力和增强知识产权保护意识的迫切需求。

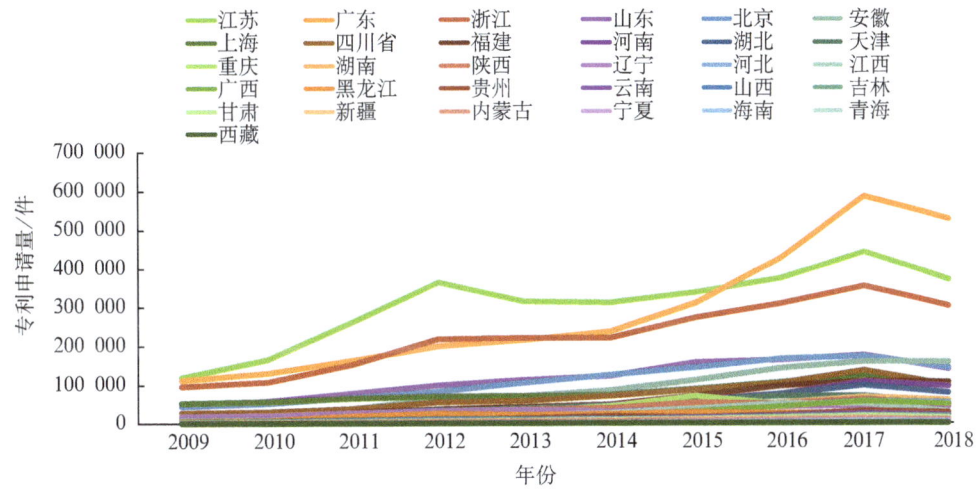

图 3-2　2009—2018 年全国 31 个省（区、市）（不含港澳台）历年专利申请趋势

从表 3-2 的数据可知，江苏、广东、浙江 2009 年比其他省（区、市）（不含港澳台）专利申请量多出 100 多万件，并且遥遥领先，增长速度也比其他地区快，这 3 个地区 2010—2018 年的平均增长率分别为 15.82%、19.71%、14.97%。江苏在 2012 年出现激增情况，年增加 10 万余件，但在 2013 年和 2014 年出现了两次下降，之后增速放缓。而广东后来居上，从 2016 年反超江苏，单从 2018 年数据来看，广东排名第一。按照专利申请量年均增长率来看，安徽以（34.83%）的增长率位居全国第一，其次是广西（33.30%），再次是江西（32.11%），接下来是贵州（30.50%）和宁夏（28.42%）。由此可知，这些地区知识产权保护意识和创新意识正在不断提升。

辽宁专利申请量在 2009—2013 年呈现逐年递增的趋势，2010—2013 年的增长率分别为 11.59%、32.59%、15.69%、8.65%；在 2014 年有所下降，增长率为 -11.69%；在 2015—2017 年又有所增长，增长率分别为 17.02%、17.32%、3.75%；2018 年增长趋势从

图表中看出有所下降,增长率为 -6.87%(由于专利公开都有审查滞后期,故截至目前统计出的 2018 年申请总量并不能代表当年申请专利的总数量)。10 个年度平均增长率为 9.78%,在全国 31 个省(区、市)(不含港澳台)排名倒数第二。

表 3-2　2009—2018 年全国 31 个省(区、市)(不含港澳台)历年专利申请量趋势

单位:件

排名	地区	2009 年	2010 年	2011 年	2012 年	2013 年	2014 年	2015 年	2016 年	2017 年	2018 年
1	江苏	119 626	166 731	262 245	365 024	316 035	312 155	338 750	374 976	443 162	371 439
2	广东	112 134	131 427	163 304	200 129	215 772	237 960	311 304	427 115	586 235	527 779
3	浙江	96 180	108 391	153 186	218 893	221 007	221 265	272 769	308 786	353 729	303 050
4	山东	47 372	59 799	79 440	99 905	112 860	122 801	158 003	163 477	175 949	140 318
5	北京	44 245	52 919	67 568	83 445	106 397	125 986	144 400	166 229	173 876	144 295
6	安徽	13 683	30 027	39 228	63 127	72 071	85 868	111 818	142 204	159 353	158 829
7	上海	53 713	57 602	66 023	71 187	72 019	74 186	89 511	106 278	124 993	97 368
8	四川	27 909	29 962	39 800	55 897	59 790	72 200	87 698	104 448	136 814	98 489
9	福建	15 807	19 726	29 238	38 371	43 512	49 389	71 989	96 808	109 202	106 410
10	河南	15 696	20 159	27 574	33 862	38 784	48 691	61 783	76 141	108 016	96 195
11	湖北	17 521	20 228	26 478	35 272	36 498	43 507	58 999	75 787	98 274	79 828
12	天津	13 205	16 175	23 902	32 752	40 439	46 759	61 240	71 098	70 653	53 481
13	重庆	11 477	16 139	23 829	30 104	30 929	45 229	71 182	49 871	56 763	45 280
14	湖南	12 301	16 671	23 517	29 639	30 571	35 796	44 605	53 858	69 061	60 842
15	陕西	11 476	14 858	19 947	29 480	37 476	39 706	54 204	50 864	62 316	48 490
16	辽宁	19 300	21 537	28 555	33 036	35 892	31 695	37 088	43 510	45 141	42 041
17	河北	9857	10 905	15 208	20 164	22 131	25 872	37 538	46 074	57 559	54 569
18	江西	3584	4483	6731	11 860	19 628	27 470	38 629	51 672	49 960	30 475
19	广西	4287	5291	8032	10 566	13 048	20 261	30 854	43 611	58 227	50 650
20	黑龙江	7419	8736	19 273	25 820	22 825	24 607	28 592	26 440	25 478	22 445
21	贵州	3273	3403	5681	8914	12 727	18 621	15 068	20 882	31 263	27 639
22	云南	4089	5066	6106	8063	9562	11 786	15 562	19 895	25 774	21 838
23	山西	4959	6110	8504	11 129	11 615	11 994	12 575	15 336	20 027	17 856
24	吉林	4783	5536	6756	7947	8410	9777	12 584	15 897	19 077	17 828

续表

排名	地区	2009年	2010年	2011年	2012年	2013年	2014年	2015年	2016年	2017年	2018年
25	甘肃	2203	2676	3878	6041	7093	8825	10 109	13 488	18 210	13 349
26	新疆	2417	2935	3703	5206	6034	7677	9984	11 052	12 228	8143
27	内蒙古	2195	2326	3277	4011	5107	5238	7045	8735	10 682	9873
28	宁夏	1143	663	874	1705	2738	2437	3209	5568	7132	6273
29	海南	901	909	1259	1581	1809	2100	2733	2975	4351	4107
30	青海	432	527	593	689	844	1268	2028	2441	3261	3020
31	西藏	157	148	194	133	153	203	275	594	810	962

三、全国 31 个省（区、市）（不含港澳台）三类（类型）专利申请量对比分析

我国专利从类型上共分为 3 种，即发明专利、实用新型和外观设计。发明专利是指产品、方法或者其改进所提出的新的技术方案，可以形成具有自主知识产权的产品，因此发明专利最能代表创新水平。实用新型专利是指对产品的形状、构造或者它们的结合所提出的适合于实用的新的技术方案。外观设计专利是指产品的形状、图案、色彩或者结合所做出的富有美感并结合于工业上应用的新设计。统计研究不同省（区、市）（不含港澳台）3 种专利类型的专利数量可以很好地了解该地区所依赖的技术基础，横向比较各个地区的研发能力和技术水平。图 3-3 和表 3-3 是全国 31 个省（区、市）（不含港

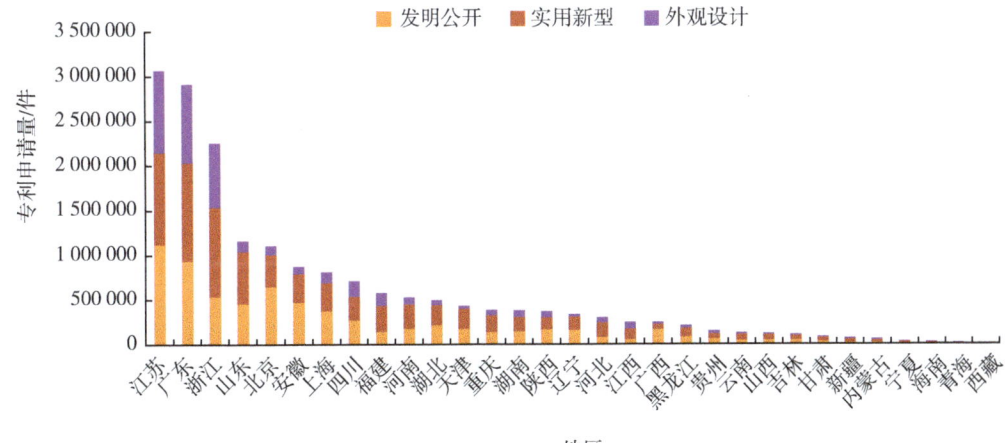

图 3-3　2009—2018 年全国 31 个省（区、市）（不含港澳台）三类专利申请量分布

澳台)在2009—2018年10年间发明专利、实用新型和外观设计的专利数量分布情况，排名是按照专利申请总量来的。

从表3-3的数据中可知，全国31个省(区、市)(不含港澳台)在2009—2018年10年间发明专利、实用新型和外观设计申请总量分别为6 848 005件、7 449 719件、3 899 662件，三种类型专利申请平均数为220 903件、240 314件、125 796件。发明专利排名前5位的分别是江苏1 122 986件(占江苏申请总量的36.58%)、广东936 285件(占广东申请总量的32.14%)，北京652 648件(占北京申请总量的58.83%)，浙江536 765件(占浙江申请总量的23.78%)，安徽458 595件(占安徽申请总量的53.78%)；实用新型排名前5位的分别是广东1 028 390件(占广东申请总量的37.72%)，江苏1 098 712件(占江苏申请总量的33.50%)，浙江1 000 347件(占浙江申请总量的44.32%)，山东589 207件(占山东申请总量的50.80%)，北京358 949件(占北京申请总量的32.36%)；外观设计排名前5位的分别是江苏918 767件(占江苏申请总量的29.93%)，广东878 196件(占广东申请总量的30.15%)，浙江720 147件(占浙江申请总量的31.90%)，四川176 458件(占四川申请总量的24.75%)，福建144 693件(占福建申请总量的24.93%)。

辽宁省的三类专利在10年间的总量累计分别为发明专利159 311件、实用新型152 289件、外观设计26 196件，比全国31个省(区、市)(不含港澳台)平均水平分别少了61 592件、88 025件、99 600件，占辽宁申请总量的比重分别为47.16%、45.16%、7.76%，在全国31个省(区、市)(不含港澳台)中分别排第15位、第16位、第19位。辽宁在专利申请结构上倾向于发明专利和实用新型。专利结构可以很好地体现一个区域创新能力和知识产权保护的倾向性，如果发明专利数量多、比例高，则说明该区域原始创新能力较强，原创性基础研究比较扎实；如果实用新型专利数量多、比例高，则说明该区域消化吸收再创新能力较强，可以快速地对技术升级与优化；如果外观设计专利数量多、比例高，则代表该地区注重有形产品的外观设计和色彩保护，市场意识较强。

表3-3 2009—2018年全国31个省(区、市)(不含港澳台)三类专利申请量分布

单位：件

排名	地区	发明专利	实用新型	外观设计
1	江苏	1 122 986	1 028 390	918 767
2	广东	936 285	1 098 712	878 196
3	浙江	536 765	1 000 347	720 147

续表

排名	地区	发明专利	实用新型	外观设计
4	山东	458 595	589 207	112 122
5	北京	652 648	358 949	97 766
6	安徽	471 261	321 896	83 051
7	上海	374 707	321 621	116 554
8	四川	271 866	264 683	176 458
9	福建	144 081	291 679	144 693
10	河南	177 781	273 563	75 554
11	湖北	217 006	221 937	53 450
12	天津	175 636	223 361	30 707
13	重庆	138 122	184 596	58 085
14	湖南	146 497	159 762	70 602
15	陕西	168 334	135 286	65 197
16	辽宁	159 311	152 289	26 196
17	河北	82 596	165 218	52 063
18	江西	53 741	122 006	69 080
19	广西	165 108	58 025	21 359
20	黑龙江	84 608	97 211	29 816
21	贵州	62 373	59 403	25 695
22	云南	46 755	65 739	15 247
23	山西	50 475	58 156	11 474
24	吉林	48 644	50 174	9777
25	甘肃	33 221	42 578	10 073
26	新疆	19 708	38 981	10 690
27	内蒙古	18 005	32 683	7801
28	宁夏	13 593	15 780	2369
29	海南	9684	9388	3653
30	青海	6149	6889	2065
31	西藏	1464	1210	955
	总量	6 848 005	7 449 719	3 899 662
	平均量	220 903	240 314	125 796

第 2 节　全国 31 个省（区、市）（不含港澳台）专利授权情况分析

一、全国 31 个省（区、市）（不含港澳台）专利授权总量对比分析

专利推动人类不断创新，进而推动人类的科技进步、科技水平不断提高。专利的授权量很好地反映了一个国家或地区的科技创新能力，是评价创新水平高低的重要指标之一。专利授权量是指报告期内由专利行政部门即国家知识产权局授权专利权的件数，专利授权总量是发明公告授权、实用新型和外观设计公开授权的总和。图 3-4 统计显示的是全国 31 个省（区、市）（不含港澳台）的专利授权总量对比情况，是按专利授权总量降序排列的，可以清晰地看出专利授权总量由多到少的地区排名，以及该地区在全国所处的位置。

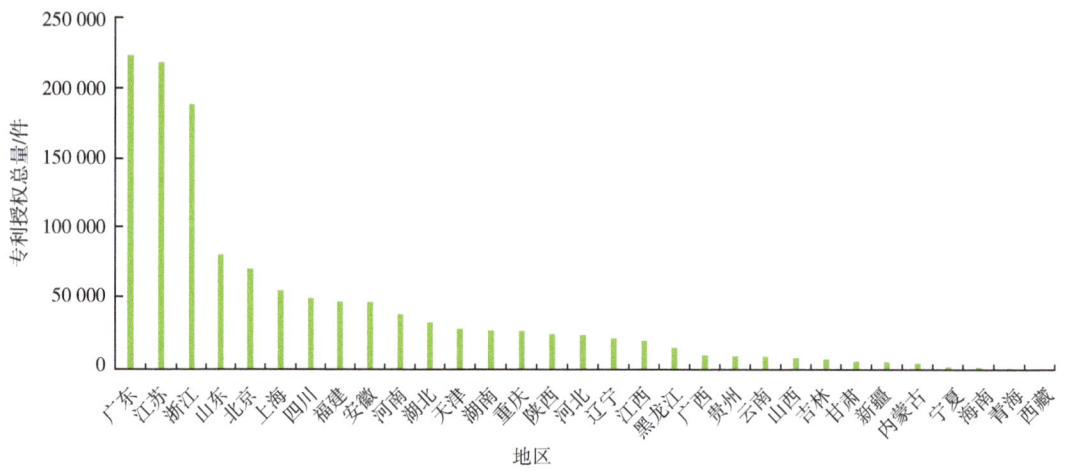

图 3-4　2009—2018 年全国 31 个省（区、市）（不含港澳台）专利授权总量分布

表 3-4 是 2009—2018 年 10 年间全国 31 个省（区、市）（不含港澳台）专利授权总量排名及占比情况统计分析结果。2009—2018 年全国 31 个省（区、市）（不含港澳台）专利授权总量为 13 165 774 件，平均量为 424 702 件，排名居前 5 位的地区分别是广东、江苏、浙江、山东、北京，专利授权总量分别为 2 233 381 件、2 182 129 件、1 885 472 件、815 031 件、712 966 件，分别占全国 31 个省（区、市）（不含港澳台）专利授权总量的 16.96%、16.57%、14.32%、6.19%、5.42%。

第3章
基于专利的区域科技创新竞争力对比分析

辽宁排名第 17 位，专利授权总量为 222 332 件，占比为 1.69%，比全国平均量少 202 370 件。

表 3-4 2009—2018 年全国 31 个省（区、市）（不含港澳台）专利授权总量排名

排名	地区	授权总量/件	占比	排名	地区	授权总量/件	占比
1	广东	2 233 381	16.96%	17	辽宁	222 332	1.69%
2	江苏	2 182 129	16.57%	18	江西	203 678	1.55%
3	浙江	1 885 472	14.32%	19	黑龙江	154 870	1.18%
4	北京	815 031	6.19%	20	广西	103 149	0.78%
5	山东	712 966	5.41%	21	贵州	96 003	0.73%
6	上海	561 316	4.26%	22	云南	95 159	0.72%
7	四川	505 101	3.84%	23	山西	84 961	0.65%
8	福建	481 188	3.65%	24	吉林	76 776	0.58%
9	安徽	477 965	3.63%	25	甘肃	60 746	0.46%
10	河南	391 435	2.97%	26	新疆	55 425	0.42%
11	湖北	333 929	2.54%	27	内蒙古	45 944	0.35%
12	天津	288 003	2.19%	28	宁夏	21 385	0.16%
13	湖南	276 227	2.10%	29	海南	16 313	0.12%
14	重庆	275 908	2.10%	30	青海	10 418	0.08%
15	陕西	251 521	1.91%	31	西藏	2541	0.02%
16	河北	244 502	1.86%				
总量/件						13 165 774	
平均量/件						424 702	

二、全国 31 个省（区、市）（不含港澳台）专利年度授权趋势对比分析

通过对全国 31 个省（区、市）（不含港澳台）2009—2018 年每年的专利授权总量统计分析，得到图 3-5 和表 3-5，列出专利年度授权趋势分布情况。从专利授权趋势走向图 3-5 中可以看出整体上普遍向上攀升，广东、江苏和浙江在全国领跑。因为专利授权有时间限制，受本书截稿统计时间影响，2018 年的授权量普遍偏低。

辽宁省科技创新区域竞争力分析

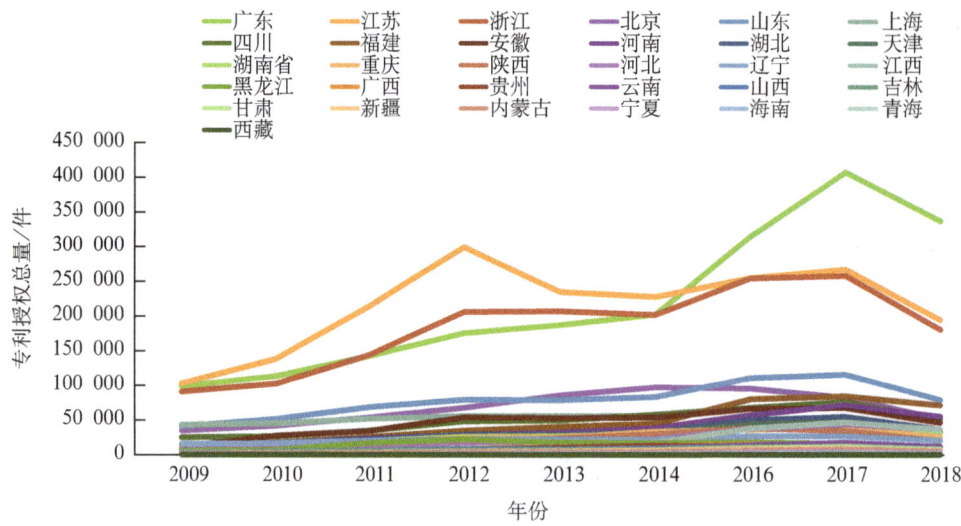

图 3-5　2009—2018 年全国 31 个省（区、市）（不含港澳台）历年专利授权总量趋势

根据统计结果显示，2009—2014 年江苏的授权量还在广东之上，但在 2015 年之后广东反超，成为授权总量排名第一的省份。专利授权总量排名居前 5 位的分别是广东、江苏、浙江、山东和北京，这 5 个地区 2010—2018 年的平均增长率分别为 15.59%、10.41%、10.13%、9.46% 和 6.90%。按照专利授权量 2010—2018 年的平均增长率来看，排名居前 5 位的分别是江西（32.09%）、贵州（23.75%）、青海（23.53%）、西藏（23.42%）和安徽（23.28%）。由此可见，这些地区在知识产权保护意识上不断加强。

辽宁省在 2009—2018 年 10 年间专利授权量分别为 15 807 件、16 667 件、20 545 件、22 214 件、22 285 件、22 442 件、26 372 件、27 217 件、27 543 件、21 240 件，2010—2018 年增长率分别为 5.44%、23.27%、8.12%、0.32%、0.70%、17.51%、3.20%、1.20%、-22.88%，平均增长率为 4.10%，平均增长率在全国 31 个省（区、市）（不含港澳台）中排名倒数第二。除 2018 年外，其他年份呈逐年递增的趋势（2018 年统计结果之所以偏低是因为受统计时间节点的影响），但增幅不大。

表 3-5　2009—2018 年全国 31 个省（区、市）（不含港澳台）历年专利授权总量趋势

单位：件

地区	2009 年	2010 年	2011 年	2012 年	2013 年	2014 年	2015 年	2016 年	2017 年	2018 年
广东	98 610	113 531	142 586	175 256	186 890	202 215	253 733	315 395	407 668	337 497
江苏	103 070	138 481	214 653	299 078	235 002	227 919	245 739	255 413	267 876	194 898

续表

地区	2009 年	2010 年	2011 年	2012 年	2013 年	2014 年	2015 年	2016 年	2017 年	2018 年
浙江	90 701	102 280	143 922	205 977	206 880	201 719	239 642	254 794	258 535	181 022
北京	34 975	41 801	53 671	67 943	85 699	97 413	100 834	95 755	82 815	52 060
山东	40 792	51 365	68 904	79 384	78 917	83 688	104 636	111 392	116 278	79 675
上海	43 079	45 096	51 655	55 586	55 748	56 427	63 848	68 481	73 730	47 666
四川	25 274	26 705	34 833	48 499	50 048	58 024	65 451	68 513	76 327	51 427
福建	14 187	17 825	25 781	34 962	40 324	45 136	65 028	80 880	85 022	72 043
安徽	11 745	27 400	34 261	53 749	52 876	53 993	61 781	66 691	68 348	47 121
河南	13 439	17 359	23 812	28 957	32 209	39 221	50 841	57 501	72 281	55 815
湖北	15 094	17 311	22 349	28 807	28 867	33 548	44 490	50 760	55 225	37 478
天津	9823	12 120	17 905	24 299	25 949	31 384	40 917	44 715	48 569	32 322
湖南	10 528	14 366	20 178	26 094	26 935	30 315	35 741	39 123	41 711	31 236
重庆	9976	13 683	19 420	24 119	25 347	33 737	46 533	37 053	39 833	26 207
陕西	9448	11 505	14 192	20 488	23 882	29 979	47 190	39 190	35 078	20 569
河北	8633	9668	13 417	17 701	19 563	22 753	32 437	38 086	44 648	37 596
辽宁	15 807	16 667	20 545	22 214	22 285	22 442	26 372	27 217	27 543	21 240
江西	3573	4361	6697	9195	11 442	18 071	27 489	38 399	47 320	37 131
黑龙江	6145	7096	17 232	22 263	17 998	17 328	19 914	18 763	17 076	11 055
广西	3025	3785	5466	8277	11 390	12 489	14 737	15 781	16 403	11 796
贵州	2696	2761	4525	7339	10 813	13 648	10 462	12 736	18 214	12 809
云南	3378	4063	4905	6531	8082	9793	12 300	14 705	18 465	12 937
山西	4005	4740	6278	8501	8654	9171	9930	11 660	12 866	9156
吉林	3961	4420	5433	6242	6823	7912	9959	11 869	11 717	8440
甘肃	1729	2126	2975	4285	5276	6058	7235	9907	12 924	8231
新疆	2138	2524	3132	4505	5132	6650	8227	8683	9216	5218
内蒙古	1853	1942	2703	3303	4328	4419	5824	6837	8194	6541
宁夏	1060	523	694	1242	1652	1629	2061	4086	4910	3528
海南	732	719	1059	1273	1441	1657	2144	2187	2759	2342
青海	332	444	497	511	643	949	1382	1473	2360	1827
西藏	127	120	155	108	130	161	203	467	520	550

三、全国 31 个省（区、市）（不含港澳台）发明专利授权量占专利授权总量的比重对比分析

建设创新型国家或地区是知识经济时代的内在要求，也是提升一个国家或地区竞争力的必然要求。专利授权是经过一个查新评判的过程，体现了专利的实用性、创造性、新颖性，因此，授权专利的技术水平和科技含量进一步显现主要地位。如何提升自有发明专利的技术水平和科技含量，获得更多有效授权专利已成为各地区和各企业必须认真思考的问题。科技含量高、代表原始创新的发明专利授权所占比例值得高度关注。表 3-6 是全国 31 个省（区、市）（不含港澳台）2009—2018 年 10 年间发明专利授权量与专利授权总量的比重对比分析情况。排名居前 5 位的分别是北京（35.94%）、广西（23.04%）、上海（21.94）、吉林（21.91%）和陕西（20.29%）。辽宁排在第 7 位，比重为 19.72%。

表 3-6 2009—2018 年全国 31 个省（区、市）（不含港澳台）发明专利授权量占专利授权总量比重排名

排名	地区	发明专利授权量/件	专利授权总量/件	比重
1	北京	256 251	712 966	35.94%
2	广西	23 765	103 149	23.04%
3	上海	123 141	561 316	21.94%
4	吉林	16 825	76 776	21.91%
5	陕西	51 038	251 521	20.29%
6	海南	3272	16 313	20.06%
7	辽宁	43 847	222 332	19.72%
8	山西	15 331	84 961	18.04%
9	黑龙江	27 843	154 870	17.98%
10	湖北	58 542	333 929	17.53%
11	湖南	45 863	276 227	16.60%
12	安徽	73 018	477 965	15.28%
13	宁夏	3236	21 385	15.13%
14	云南	14 173	95 159	14.89%
15	西藏	376	2541	14.80%

续表

排名	地区	发明专利授权量/件	专利授权总量/件	比重
16	青海	1464	10 418	14.05%
17	山东	113 702	815 031	13.95%
18	甘肃	8095	60 746	13.33%
19	四川	63 960	505 101	12.66%
20	重庆	33 227	275 908	12.04%
21	内蒙古	5460	45 944	11.88%
22	天津	33 935	288 003	11.78%
23	广东	256 473	2 233 381	11.48%
24	贵州	10 905	96 003	11.36%
25	河北	27 221	244 502	11.13%
26	河南	42 318	391 435	10.81%
27	江苏	234 972	2 182 129	10.77%
28	新疆	5754	55 425	10.38%
29	福建	44 816	481 188	9.31%
30	浙江	164 978	1 885 472	8.75%
31	江西	12 592	203 678	6.18%

第3节 全国31个省（区、市）（不含港澳台）专利密度对比分析

世界知识产权组织（WIPO）在《2006年专利报告》中引入了专利密度指数概念，即单位人口的专利申请量，通常省市级为每万人专利申请量。专利密度指数是国家经济社会发展的主要指标之一，该指数反映了国家或地区的技术创新意识和专利保护意识。本书采用"专利密度=专利申请数量（件）/地区人口数量（万人）"这一指标来评估辽宁公众的技术创新意识和专利保护意识在全国的排名情况。2009—2018年的人口数据来自国家统计局及各地方统计局，均采用年末常住人口数表示该地区人口数。从表3-7中

辽宁省科技创新区域竞争力分析

可以看出，北京市的专利密度指数最大，平均每万人申请 52.35 件专利，依次是浙江、江苏、上海和天津，平均每万人申请专利数为 40.64 件、37.36 件、34.06 件、28.71 件。其中，辽宁在全国 31 个省（区、市）（不含港澳台）中排名居第 14 位，平均每万人申请 7.72 件专利，与排名第一的北京差距较大。因此，需要加大力度加强创新意识、提升创新能力，这就需要地方政府打造地区的创新文化、创新氛围，出台相应的扶持政策法规、激励机制，营造良好的创新环境。

表 3-7　2009—2018 年全国 31 个省（区、市）（不含港澳台）专利密度指数排名分布

单位：件/万人

排名	地区	2009年	2010年	2011年	2012年	2013年	2014年	2015年	2016年	2017年	2018年	总数	平均数
1	北京	23.79	26.97	33.47	40.33	50.31	58.54	66.51	76.50	80.09	66.99	523.50	52.35
2	浙江	18.23	19.90	28.04	39.97	40.20	40.17	49.25	55.24	62.53	52.82	406.35	40.64
3	江苏	15.32	21.19	33.20	34.20	39.81	39.22	42.47	46.88	55.20	46.14	373.63	37.36
4	上海	24.30	25.01	28.13	29.91	29.82	30.58	37.06	43.92	51.69	40.17	340.59	34.06
5	天津	10.75	12.45	17.64	23.18	27.47	30.82	39.59	45.52	45.38	34.28	287.08	28.71
6	广东	11.07	8.82	15.55	18.89	20.27	22.19	28.69	38.84	52.53	46.52	263.37	26.34
7	福建	4.31	5.34	7.86	10.24	11.53	12.98	18.75	24.99	27.92	27.00	150.92	15.10
8	安徽	2.23	5.04	6.57	10.54	11.95	14.12	18.20	22.95	25.48	25.12	142.2	14.22
9	重庆	4.01	5.59	8.16	10.22	10.41	15.12	23.59	16.36	18.46	14.60	126.52	12.65
10	山东	5.00	6.24	8.24	10.32	11.60	12.54	16.05	16.43	17.58	13.97	117.97	11.80
11	陕西	3.08	3.98	5.33	7.86	9.96	10.52	14.29	13.34	16.25	12.55	97.16	9.72
12	四川	3.41	3.72	4.94	6.92	7.38	8.87	10.69	12.64	16.48	11.81	86.86	8.69
13	湖北	3.06	3.53	4.60	6.10	6.30	7.48	10.08	12.88	16.65	13.49	84.17	8.42
14	辽宁	4.45	4.92	6.51	7.53	8.18	7.22	8.46	9.94	10.33	9.64	77.18	7.72
15	湖南	1.92	2.54	3.57	4.46	4.57	5.31	6.58	7.89	10.07	8.82	55.73	5.57
16	黑龙江	1.94	2.28	5.03	6.73	5.95	6.42	7.50	6.96	6.72	5.95	55.48	5.55
17	河南	1.65	2.14	2.94	3.60	4.12	5.16	6.52	7.99	11.30	10.02	55.44	5.54
18	江西	0.97	1.19	1.79	2.35	2.89	4.46	6.76	9.50	12.60	10.90	53.41	5.34
19	广西	0.74	0.97	1.45	2.53	4.16	5.78	8.05	10.68	10.23	6.19	50.78	5.08

排名	地区	2009年	2010年	2011年	2012年	2013年	2014年	2015年	2016年	2017年	2018年	总数	平均数
20	宁夏	1.83	1.05	1.37	2.64	4.19	3.68	4.80	8.25	10.46	9.12	47.39	4.74
21	贵州	0.93	0.98	1.64	2.56	3.63	5.31	4.27	5.87	8.73	7.68	41.60	4.16
22	河北	1.40	1.52	2.10	2.77	3.02	3.50	5.06	6.17	7.65	7.22	40.41	4.04
23	吉林	1.75	2.02	2.46	2.89	3.06	3.55	4.57	5.82	7.02	6.59	39.73	3.97
24	甘肃	0.86	1.05	1.51	2.34	2.75	3.41	3.89	5.17	6.93	5.06	32.97	3.30
25	山西	1.45	1.71	2.37	3.08	3.20	3.29	3.43	4.17	5.41	4.80	32.91	3.29
26	新疆	1.12	1.34	1.68	2.33	2.67	3.34	4.23	4.61	5.00	3.27	29.59	2.96
27	云南	0.89	1.10	1.32	1.73	2.04	2.50	3.28	4.17	5.37	4.52	26.92	2.69
28	青海	0.78	0.94	1.04	1.20	1.46	2.17	3.45	4.12	5.45	5.01	25.62	2.56
29	海南	1.04	1.05	1.44	1.78	2.02	2.33	3.00	3.24	4.70	4.40	25.00	2.50
30	内蒙古	0.89	0.94	1.32	1.61	2.04	2.09	2.81	3.47	4.22	3.90	23.29	2.33
31	西藏	0.53	0.49	0.64	0.43	0.49	0.64	0.85	1.79	2.40	2.80	11.06	1.11

第4节 全国31个省（区、市）（不含港澳台）专利强度对比分析

专利强度指标测算的是发明专利申请量与国内生产总值（GDP）的比值，分析的是国内生产总值与专利申请量之间的因果关系。该指标比值越高，说明该国家或地区的科技创新竞争力越强。本书采用"专利强度＝发明专利申请量（件）/国民生产总值（GDP）（亿元）"这一指标。表3-8的国民生产总值（GDP）数据来自中国统计局和各地方统计局，国民生产总值（GDP）的单位为亿元。排名是按2009—2018年10年间每亿元单位国内生产总值（GDP）的发明专利申请量由多到少来的，从表3-8中可以看出，排名居前5位的分别是北京、安徽、江苏、上海和广东，专利强度指数分别为30.16、19.99、15.98、15.81、12.89，辽宁排在第14位，专利强度指数为6.65，在供给侧改革的驱动下，辽宁应大力提高GDP科技含量，加快经济转型步伐，尽快走上科技创新发展新道路。

表 3-8 2009—2018 年全国 31 个省（区、市）（不含港澳台）专利强度指数排名分布表

单位：件/亿元

排名	地区	2009年	2010年	2011年	2012年	2013年	2014年	2015年	2016年	2017年	2018年	总数	平均数
1	北京	2.20	2.27	2.45	2.76	3.16	3.43	3.62	3.73	3.48	3.06	30.16	3.02
2	安徽	0.39	0.44	0.61	0.97	1.64	2.22	2.82	3.62	3.55	3.73	19.99	2.00
3	江苏	0.81	1.04	1.37	1.74	1.98	1.91	1.86	1.20	2.15	1.92	15.98	1.60
4	上海	1.38	1.37	1.47	1.60	1.62	1.57	1.72	1.78	1.77	1.53	15.81	1.58
5	广东	0.82	0.85	0.87	1.03	1.06	1.08	1.34	1.79	2.09	1.96	12.89	1.29
6	浙江	0.63	0.58	0.68	0.87	1.02	1.16	1.40	1.74	2.01	2.18	12.27	1.23
7	天津	0.76	0.74	0.84	0.97	1.36	1.32	1.56	1.72	1.24	1.13	11.64	1.16
8	陕西	0.62	0.70	0.83	1.02	1.30	1.01	0.84	1.00	1.34	1.15	9.81	0.98
9	广西	0.15	0.16	0.21	0.45	0.90	1.28	1.69	2.16	1.86	0.92	9.78	0.98
10	重庆	0.51	0.58	0.72	0.80	0.77	1.16	1.96	1.05	0.97	0.94	9.46	0.95
11	四川	0.41	0.42	0.48	0.60	0.73	0.88	1.12	1.39	1.71	1.16	8.9	0.89
12	山东	0.34	0.38	0.43	0.67	0.95	0.98	1.16	1.02	0.89	0.80	7.62	0.76
13	湖北	0.42	0.40	0.44	0.56	0.62	0.70	0.86	1.08	1.30	1.08	7.46	0.75
14	辽宁	0.44	0.45	0.55	0.64	0.76	0.57	0.61	0.99	0.82	0.82	6.65	0.67
15	贵州	0.31	0.25	0.34	0.41	0.44	0.76	0.62	0.83	1.00	1.00	5.96	0.60
16	黑龙江	0.36	0.36	0.35	0.48	0.63	0.80	0.89	0.73	0.61	0.71	5.92	0.59
17	福建	0.30	0.31	0.38	0.40	0.43	0.49	0.59	0.83	0.82	0.96	5.51	0.55
18	湖南	0.30	0.32	0.38	0.40	0.42	0.47	0.58	0.69	0.87	0.82	5.25	0.53
19	甘肃	0.29	0.29	0.34	0.47	0.48	0.62	0.61	0.64	0.75	0.62	5.11	0.51
20	河南	0.23	0.24	0.28	0.31	0.38	0.48	0.50	0.63	0.85	0.84	4.74	0.47
21	宁夏	0.12	0.15	0.17	0.34	0.63	0.50	0.59	0.67	0.70	0.74	4.61	0.46
22	山西	0.26	0.28	0.33	0.37	0.42	0.42	0.39	0.44	0.50	0.52	3.93	0.39
23	吉林	0.26	0.28	0.27	0.29	0.30	0.33	0.38	0.45	0.55	0.63	3.74	0.37
24	云南	0.25	0.31	0.28	0.30	0.31	0.34	0.41	0.48	0.48	0.50	3.66	0.37
25	江西	0.17	0.18	0.20	0.20	0.24	0.27	0.33	0.40	0.58	0.62	3.19	0.32
26	海南	0.25	0.25	0.25	0.28	0.26	0.24	0.28	0.27	0.38	0.37	2.83	0.28

第 3 章
基于专利的区域科技创新竞争力对比分析

续表

排名	地区	2009年	2010年	2011年	2012年	2013年	2014年	2015年	2016年	2017年	2018年	总数	平均数
27	河北	0.15	0.15	0.16	0.21	0.23	0.25	0.32	0.39	0.42	0.47	2.75	0.28
28	青海	0.15	0.13	0.10	0.15	0.21	0.26	0.40	0.45	0.38	0.42	2.65	0.27
29	新疆	0.14	0.15	0.16	0.19	0.22	0.22	0.29	0.32	0.29	0.24	2.22	0.22
30	西藏	0.12	0.16	0.13	0.09	0.10	0.90	0.12	0.16	0.23	0.28	2.29	0.23
31	内蒙古	0.07	0.07	0.08	0.08	0.10	0.10	0.11	0.14	0.17	0.19	1.11	0.11

第 5 节　全国 31 个省（区、市）（不含港澳台）专利效率对比分析

专利效率指标测算的是所创造的发明专利申请数量产出，反映的是创新投入与发明专利产出之间的关系。该指标越高，则表明该国家或地区的技术创新能力越强。本书采用"专利效率 = 发明专利申请量（件）/ 研究与试验发展（R&D）经费支出（亿元）投入"这一指标。2009—2018 年的 R&D 投入统计数据来自国家统计局及各地方统计局。表 3-9 的排名是按 2009—2018 年 10 年间每亿元单位研究与试验发展（R&D）经费的发明专利申请量由多到少来的，排名居前 5 位的分别是广西、安徽、贵州、江苏和上海，平均专利效率指数分别为 128.47、87.13、78.58、61.22、58.95，辽宁在全国 31 个省（区、市）（不含港澳台）专利效率指数排名中居第 21 位，比较靠后，10 年间总的每亿元单位研发投入的发明专利申请量为 366.85 件，平均 36.69 件。辽宁的发明专利申请量在全国 31 个省（区、市）（不含港澳台）中排名居第 15 位，但是专利效率指数却排在第 21 位，可以说明辽宁的发明专利申请量与研究与试验发展（R&D）经费投入比例失调，研究与试验发展经费（R&D）投入相对较大，但产出较少，专利效率水平偏低。

表 3-9　2009—2018 年全国 31 个省（区、市）（不含港澳台）专利效率指数排名分布

单位：件/亿元

排名	地区	2009年	2010年	2011年	2012年	2013年	2014年	2015年	2016年	2017年	总数	平均数
1	广西	24.45	23.67	30.13	60.74	120.45	179.27	267.76	335.79	242.43	1284.69	142.74
2	安徽	29.14	32.95	43.73	59.42	89.55	117.51	143.50	185.77	169.70	871.27	96.81

续表

排名	地区	2009年	2010年	2011年	2012年	2013年	2014年	2015年	2016年	2017年	总数	平均数
3	贵州	45.89	38.30	52.96	67.82	75.91	126.86	103.66	132.48	141.88	785.76	87.31
4	江苏	39.96	50.43	63.32	73.13	79.72	75.14	72.51	76.18	81.81	612.20	68.02
5	上海	49.00	48.98	47.20	47.56	215.07	42.91	46.09	47.84	44.87	589.52	65.50
6	重庆	42.08	45.61	55.77	57.38	55.41	82.18	124.72	61.35	51.89	576.39	64.04
7	海南	71.45	73.93	61.14	58.10	55.95	50.65	60.75	50.60	74.24	556.81	61.87
8	西藏	36.81	54.11	68.70	36.67	34.78	34.17	40.06	82.27	105.86	493.43	54.83
9	黑龙江	28.55	30.51	33.72	44.68	55.04	74.35	85.36	73.22	65.70	491.13	54.57
10	广东	49.31	48.64	44.44	47.51	45.90	45.42	54.16	71.02	80.01	486.41	54.05
11	四川	27.06	27.00	34.06	41.10	48.21	55.94	67.16	81.76	98.99	481.28	53.48
12	北京	39.92	39.02	42.49	46.32	52.73	57.63	60.15	64.47	61.64	464.37	51.60
13	浙江	36.26	32.77	36.62	41.90	47.01	51.13	59.42	72.68	82.26	460.05	51.12
14	宁夏	15.90	22.42	23.50	43.74	77.08	58.00	70.10	70.67	62.37	443.78	49.31
15	云南	42.14	50.17	43.83	44.38	45.90	50.99	50.80	53.70	49.49	431.40	47.93
16	陕西	26.90	32.43	41.54	51.27	61.58	48.52	38.69	46.37	63.75	411.05	45.67
17	甘肃	26.57	28.25	35.11	43.90	45.38	54.77	50.33	52.74	62.87	399.92	44.44
18	天津	32.24	29.84	31.75	34.56	45.83	44.56	50.41	57.38	50.23	376.8	41.87
19	新疆	27.39	30.47	32.03	35.47	41.67	40.85	52.65	54.81	55.44	370.78	41.20
20	青海	21.61	17.30	13.75	21.83	32.39	42.03	83.51	82.07	55.59	370.08	41.12
21	辽宁	28.90	29.00	33.39	40.82	46.16	37.18	47.84	59.00	44.56	366.85	40.76
22	湖北	25.56	24.34	26.68	32.26	34.65	37.63	45.07	58.86	65.96	351.01	39.00
23	河南	25.24	26.25	28.31	29.19	34.31	41.54	42.19	51.95	65.21	344.19	38.24
24	吉林	23.00	32.34	31.61	31.61	32.28	34.50	37.75	47.34	64.45	334.88	37.21
25	山西	25.33	28.26	32.47	33.75	34.03	35.05	37.20	43.42	52.89	322.40	35.82
26	山东	22.44	21.91	22.91	32.65	44.83	44.85	51.28	44.30	36.83	322.00	35.78
27	湖南	25.63	27.82	32.21	30.49	31.74	34.82	40.47	46.51	52.04	321.73	35.75
28	福建	26.70	26.37	30.43	29.01	29.63	33.13	39.25	52.88	48.51	315.91	35.10
29	江西	17.58	19.94	23.86	22.89	25.16	27.70	31.43	35.87	45.63	250.06	27.78
30	河北	19.63	19.53	19.98	22.34	23.01	23.64	27.47	32.33	31.85	219.78	24.42
31	内蒙古	13.58	13.32	13.29	12.59	14.61	13.95	15.03	17.06	20.39	133.82	14.87

第3章 基于专利的区域科技创新竞争力对比分析

第6节 基于辽宁省部分特色产业专利申请量与其他地区对比分析

本节探讨的是辽宁2009—2018年部分特色产业专利申请量与全国专利申请量排名居前10位的省市相关产业做对比分析情况。结合辽宁自身特点,选取农业、加工业、化工工业、医药、电子信息、通信技术6个特色产业分别与全国31个省(区、市)(不含港澳台)对应产业专利申请量排名居前10位的地区对比分析,找出辽宁部分特色产业与相应产业专利申请量排名居前10位的地区之间的差异。图3-6中,蓝色代表农业,黄色代表加工业,灰色代表化工工业,粉色代表医药,紫色代表电子信息,绿色代表通信技术;柱子高度代表专利数量,高度越大、专利数量越多,反之亦然。

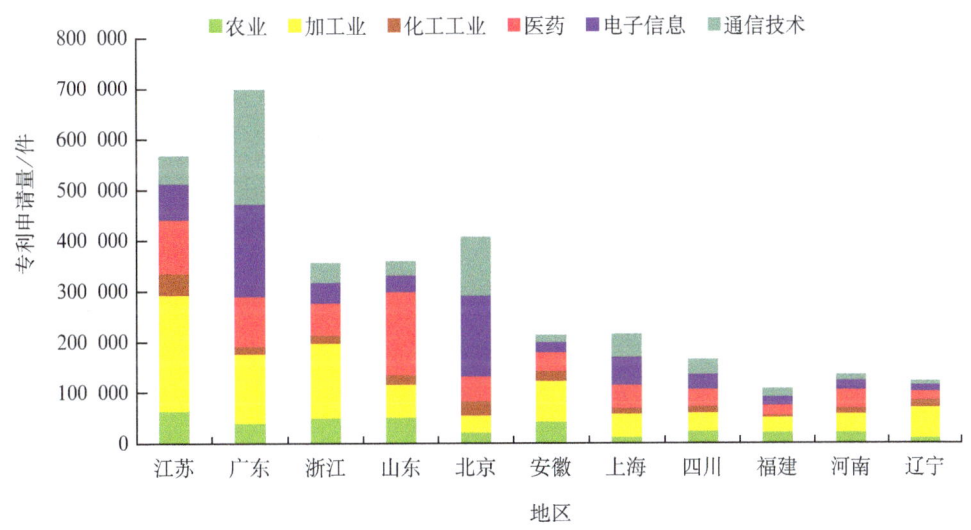

图3-6 辽宁部分特色产业专利申请量与其他地区对比分析

如图3-6和表3-10所示,在农业产业方面,排名第一的是江苏,共计63 893件专利,辽宁只有9881件专利,相差54 012件,只有江苏农业产业专利申请量的15.46%;加工业产业方面,排名第一的也是江苏,共计229 535件专利,辽宁只有60 478件专利,相差169 057件,只有江苏加工业产业专利申请量的26.35%;化工工业产业方面,排名第一的还是江苏,共计41 956件专利,辽宁只有14 695件专利,相差27 261件,只有江苏加工业产业专利申请量的35.02%;医药产业方面,排名第一的是山东,共计164 702件专利,辽宁只有17 651件专利,相差147 051件,只有山东医药产业专利申请量的 10.72%；电子信息产业方面，排名第一的是广东，共计 181 921 件专利，辽宁只有 12 619 件专利，相差 169 302 件，只有广东电子信息产业专利申请量的 6.94%；通信技术产业方面，排名第一的是广东，共计 226 480 件专利，辽宁只有 7021 件专利，相差 219 459 件，只有广东通信技术产业专利申请量的 3.10%。

表 3-10　辽宁部分特色产业专利申请量与其他地区对比分析

单位：件

地区	农业	加工业	化工工业	医药	电子信息	通信技术
江苏	63 893	229 535	41 956	106 946	70 368	55 206
广东	39 851	137 487	14 047	99 268	181 921	226 480
浙江	50 083	148 152	15 132	63 812	40 077	39 540
山东	51 261	64 790	18 638	164 702	32 650	27 380
北京	21 068	33 246	28 328	49 410	159 670	115 294
安徽	42 263	80 383	19 749	38 039	19 774	13 934
上海	11 576	46 614	10 956	46 125	55 424	45 215
四川	23 189	36 695	11 851	34 828	29 726	29 502
福建	21 518	29 641	4027	19 827	17 036	15 246
河南	21 345	36 488	10 481	36 904	18 744	10 964
辽宁	9881	60 478	14 695	17 651	12 619	7021

本章小结

本章依据专利数据及相关资讯信息，主要从专利申请总量及占比、专利年度申请趋势、三类专利申请数量、专利授权总量及占比、专利年度授权趋势、发明专利授权量占专利授权总量的比重、专利密度、专利强度、专利效率、主要地区部分特色产业技术领域分布 10 个指标中，印证近 10 年来全国各地区的专利和知识产权领域发展迅速，揭示全国整体科技创新竞争力得到不断提升和增强，同时也看出辽宁在全国总体排名中居中下游的位置，显现出辽宁与全国发达地区和全国平均水平之间的差异所在。

第 4 章
基于专利的辽宁省科技创新区域竞争力现状分析

第 1 节　辽宁省各地级市专利情况分析

一、辽宁省各地级市专利申请总量分析

图 4-1 为 2009—2018 年辽宁省各地级市专利申请分布情况，由图可以看出十年间专利申请数量最多的城市为沈阳市，其次是大连市，然后是鞍山市，其余各地级市专利申请储量较少。

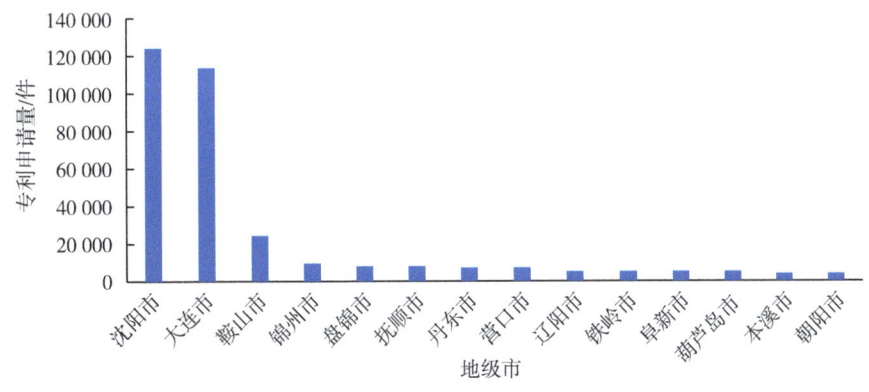

图 4-1　2009—2018 年辽宁省各地级市专利申请量分布

表 4-1 是 2009—2018 年辽宁省各地级市专利申请量排名及占比，从表 4-1 可清楚地看出，沈阳市和大连市在 2009—2018 年十年间专利申请量明显比其他 12 个地级市高出

很多，分别为 124 312 件和 114 033 件，占比分别为 37.36% 和 34.28%。由此可以看出，专利申请量与经济发展和科技创新环境都有很大关系。

表 4-1　2009—2018 年辽宁省各地级市专利申请量排名及占比

排名	地区	申请量/件	占比	排名	地区	申请量/件	占比
1	沈阳市	124 312	37.36%	8	营口市	7213	2.17%
2	大连市	114 033	34.28%	9	辽阳市	5493	1.65%
3	鞍山市	24 195	7.28%	10	铁岭市	5397	1.62%
4	锦州市	10 058	3.02%	11	阜新市	5319	1.60%
5	盘锦市	8206	2.47%	12	葫芦岛市	5071	1.52%
6	抚顺市	7662	2.30%	13	本溪市	4155	1.25%
7	丹东市	7492	2.25%	14	朝阳市	4054	1.22%

二、辽宁省各地级市专利申请趋势分析

图 4-2 和表 4-2 是辽宁省各地级市 2009—2018 年十年间专利申请量走势情况，排名是按 10 个年度内专利申请总量降序排列的。

表 4-2　2009—2018 年辽宁省各地级市专利申请量趋势分布

单位：件

排名	地区	2009年	2010年	2011年	2012年	2013年	2014年	2015年	2016年	2017年	2018年
1	沈阳市	5977	7202	8655	10 706	11 287	13 174	16 065	18 122	17 494	15 630
2	大连市	6976	8384	12 307	13 413	15 296	9055	9262	11 962	13 528	13 850
3	鞍山市	1678	1929	2622	2363	2263	2426	2770	2732	3066	2346
4	抚顺市	401	309	444	710	826	700	924	1168	1004	1176
5	本溪市	182	266	397	435	337	300	465	612	607	554
6	丹东市	318	344	458	744	684	827	970	1189	1055	903
7	锦州市	362	408	491	608	824	988	1482	1654	1694	1547
8	营口市	284	504	566	686	776	579	761	941	1022	1094

第 4 章
基于专利的辽宁省科技创新区域竞争力现状分析

续表

排名	地区	2009年	2010年	2011年	2012年	2013年	2014年	2015年	2016年	2017年	2018年
9	阜新市	231	308	392	514	543	421	604	759	757	790
10	辽阳市	320	303	347	445	429	500	526	723	1010	890
11	盘锦市	853	289	469	658	673	837	925	1068	1368	1066
12	铁岭市	187	292	488	693	647	558	569	567	691	705
13	朝阳市	126	221	249	315	430	335	481	567	757	573
14	葫芦岛市	182	213	261	419	408	412	538	676	933	1029

从表 4-2 的数据中可知，十年间各地级市的专利申请量大致都在逐渐递增，2018 年沈阳市专利申请量是 2009 年的 2.62 倍，大连市是 1.99 倍，鞍山市是 1.40 倍，抚顺市是 2.93 倍，本溪市是 3.04 倍，丹东市是 2.84 倍，锦州市是 4.27 倍，营口市是 3.85 倍，阜新市是 3.42 倍，辽阳市是 2.78 倍，盘锦市是 1.25 倍，铁岭市是 3.77 倍，朝阳市是 4.55 倍，葫芦岛市是 5.65 倍。以 2018 年专利申请量是 2009 年的倍数降序排列依次为葫芦岛市、朝阳市、锦州市、营口市、铁岭市、阜新市、本溪市、抚顺市、丹东市、辽阳市、沈阳市、大连市、鞍山市、盘锦市。

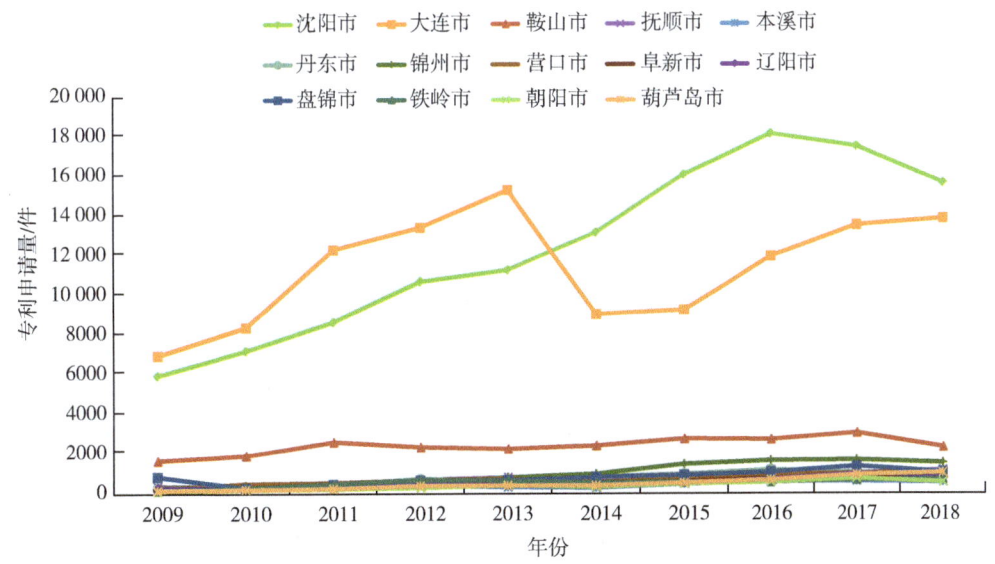

图 4-2 2009—2018 年辽宁省各地级市专利申请趋势分布

辽宁省科技创新区域竞争力分析

从图 4-2 看出，虽然各地级市的专利申请量有的年份有所下降，但整体上都呈上升趋势。特别注意的是最上方两条线的走势，可以清楚地得出沈阳市和大连市历年的专利申请走势：2013 年之前大连市的专利申请量比沈阳市多，2014 年及以后沈阳市比大连市多，两市在全省专利申请量方面处于领先位置。

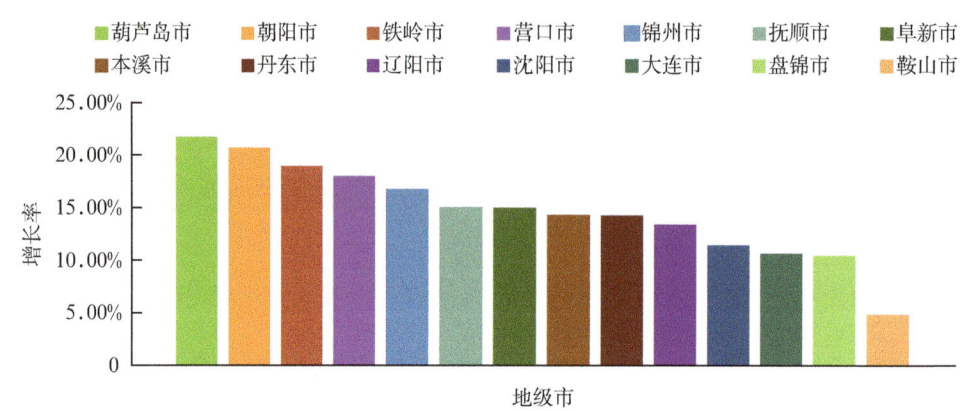

图 4-3 2009—2018 年辽宁省各地级市专利平均增长率情况

如图 4-3 和表 4-3 若按照以年增长率降序排序为葫芦岛市、朝阳市、铁岭市、营口市、锦州市、本溪市、阜新市、抚顺市、丹东市、辽阳市、大连市、盘锦市、鞍山市，平均增长率分别为 22.56%、22.18%、18.93%、18.93%、16.78%、16.50%、16.46%、15.92%、14.53%、13.43%、11.90%、10.68%、10.57%、5.06%。沈阳市和大连市的专利申请量最多、排名靠前，但增幅不大、年增长率排名靠后；葫芦岛市和朝阳市的增幅比较高、但专利申请数量不高。

表 4-3 2009—2018 年辽宁省各地级市专利平均增长率排名

排名	地区	平均增长率	排名	地区	平均增长率
1	葫芦岛市	22.56%	8	抚顺市	15.92%
2	朝阳市	22.18%	9	丹东市	14.53%
3	铁岭市	18.93%	10	辽阳市	13.43%
4	营口市	18.83%	11	沈阳市	11.90%
5	锦州市	16.78%	12	大连市	10.68%
6	本溪市	16.50%	13	盘锦市	10.57%
7	阜新市	16.46%	14	鞍山市	5.06%

第 4 章
基于专利的辽宁省科技创新区域竞争力现状分析

三、辽宁省各地级市专利授权总量分析

图 4-4 和表 4-4 是辽宁省 14 个地级市在 2009—2018 年十年间专利授权总量的分布情况。图 4-4 中，柱体越高表明该地区专利授权量越多，可知沈阳市和大连市十年间的专利授权总量明显比其他 12 个地级市高出很多，拥有绝对优势。

沈阳市的专利授权量占整个 14 个地级市专利授权总量的 42.41%，大连占 37.61%，两个地级市就占到 14 个地级市整体专利授权量的 80.02%。朝阳市、铁岭市、本溪市分别排名倒数第一、第二、第三，占比均不足 1.00%。授权量反映了当地科技创新能力的高低，从授权量可以看出沈阳市和大连市较其他市的科技创新能力强。可以进一步说明沈阳市和大连市的各类资源相对有优势，经济发展水平较高，科研研发投入较大，一二三产业占比高；朝阳市产业结构以农业为主、工业少，研发人员等一些资源相对较少，是造成专利较少的原因之一。

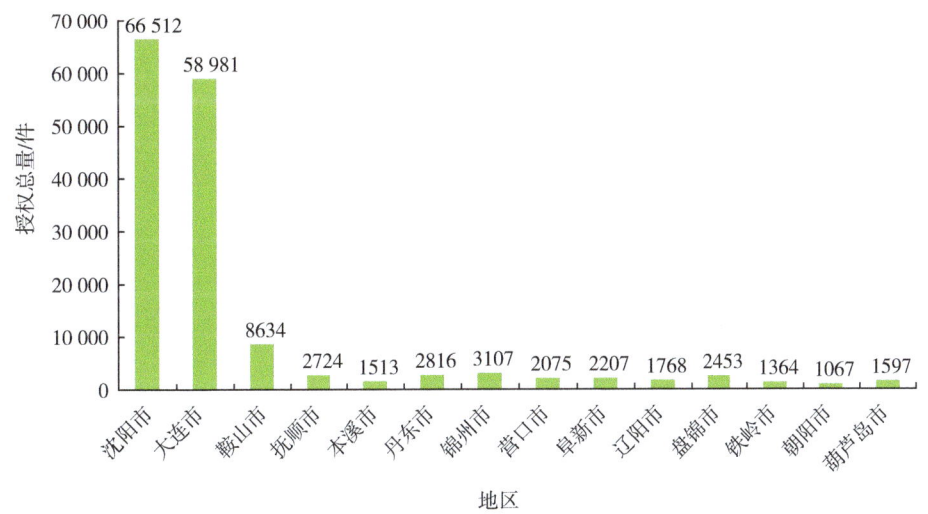

图 4-4　2009—2018 年辽宁省各地级市专利授权量分布

表 4-4　2009—2018 年辽宁省各地级市专利授权量分布

排名	地区	授权量/件	占比	排名	地区	授权量/件	占比
1	沈阳市	66 512	42.41%	8	阜新市	2207	1.41%
2	大连市	58 981	37.61%	9	营口市	2075	1.32%
3	鞍山市	8634	5.51%	10	辽阳市	1768	1.13%
4	锦州市	3107	1.98%	11	葫芦岛市	1597	1.01%

续表

排名	地区	授权量/件	占比	排名	地区	授权量/件	占比
5	丹东市	2816	1.80%	12	本溪市	1513	0.96%
6	抚顺市	2724	1.74%	13	铁岭市	1364	0.87%
7	盘锦市	2453	1.56%	14	朝阳市	1067	0.68%

四、辽宁省各地级市专利授权趋势分析

图 4-5 和表 4-5 是辽宁省各地级市在 2009—2018 年十年间专利授权趋势情况。

表 4-5　2009—2018 年辽宁省各地级市专利授权趋势分布

地区	2009年	2010年	2011年	2012年	2013年	2014年	2015年	2016年	2017年	2018年
沈阳市	4483	5309	6131	7611	7110	8042	9846	9887	9875	7080
大连市	6060	6381	7935	7072	7497	6794	6906	7618	7692	6131
鞍山市	1429	1608	2311	1983	1894	1960	2235	2041	2030	1245
抚顺市	269	256	375	599	674	535	682	711	727	771
本溪市	154	229	347	370	269	201	341	407	369	317
丹东市	268	286	381	574	536	636	752	764	726	609
锦州市	318	383	439	542	712	801	1338	1319	1291	1034
营口市	224	411	477	595	660	500	623	659	795	825
阜新市	210	275	321	460	470	349	466	522	445	313
辽阳市	231	240	281	378	337	394	418	518	763	618
盘锦市	800	248	405	552	570	685	799	768	838	603
铁岭市	146	254	416	589	518	470	467	445	552	558
朝阳市	116	182	211	269	324	285	403	430	577	466
葫芦岛市	151	164	192	332	322	331	437	503	675	758

表 4-5 的数据中可以看出辽宁省 14 个地级市 2009—2018 年历年的专利授权量分布情况。由于专利申请过程存在审查期，故 2018 年的数据比上一年有所下滑是正常的。

第 4 章
基于专利的辽宁省科技创新区域竞争力现状分析

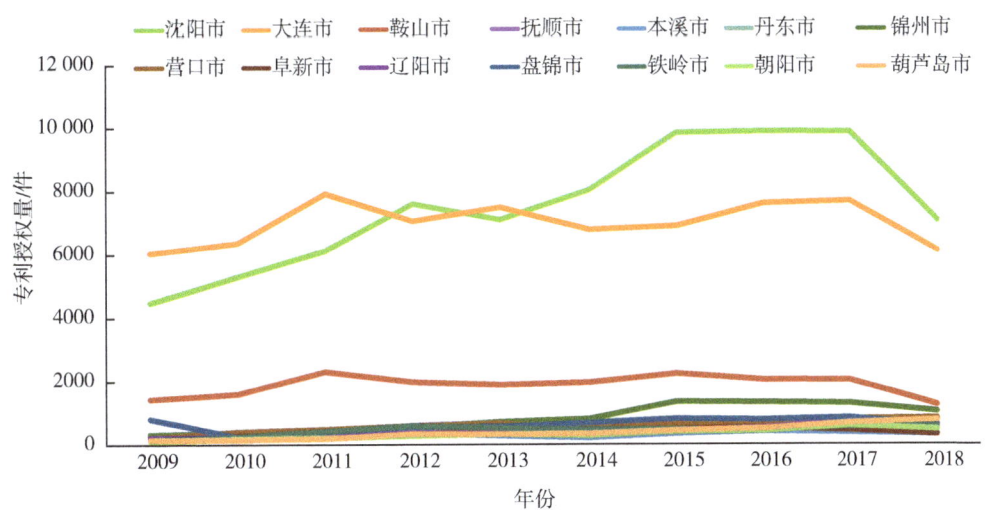

图 4-5　2009—2018 年辽宁省各地级市专利授权趋势分布

图 4-5 中最上面的绿色和黄色两条线分别代表的是沈阳市和大连市历年专利授权走势情况，沈阳市和大连市的专利授权总量依然是辽宁省各地级市专利授权量的领先者。在 2010 年，除抚顺市和盘锦市有所下降外，其余 12 个地级市较 2009 年均有所增加；2011 年 14 个地级市专利授权量均有所上升；2012 年，大连市和鞍山市有所下降，其余均比上一年有所增长；2013 年和 2014 年专利授权量显现 7 个地级市上升，7 个地级市下降；2015 年只有铁岭市专利授权量有所下降；2016 年，鞍山市、锦州市、盘锦市、铁岭市这 4 个地级市的专利授权量有所下降；2017 年，沈阳市、鞍山市、本溪市、丹东市、锦州市、阜新市这 6 个地级市的专利授权量呈下降趋势；2018 年的专利授权量情况是抚顺市、营口市、铁岭市、葫芦岛市有小幅增长外，其余都呈现下降趋势。14 个地级市的平均增长率排名为葫芦岛市（21.33%），铁岭市（19.76%），朝阳市（19.09%），营口市（18.42%），锦州市（16.22%），抚顺市（14.81%），辽阳市（13.32%），本溪市（13.32%），丹东市（11.26%），阜新市（7.62%），沈阳市（6.56%），盘锦市（5.31%），大连市（0.89%），鞍山市（0.80%）。虽然葫芦岛市、铁岭市、朝阳市的专利授权总量占比较低，但授权量也呈现递增趋势。同样，沈阳市、大连市和鞍山市的专利授权总量占比较高，但增幅低。

五、辽宁省各地级市 3 种类专利申请情况分析

图 4-6 是辽宁省 14 个各地级市外观设计专利、实用新型专利、发明专利 3 种类型专

利分布情况，图中蓝色代表外观设计专利，黄色代表实用新型专利，红色代表发明专利，柱状高低，代表专利申请量多少越高代表专利申请数量越多。很清楚地看到沈阳市和大连市无论是外观设计专利，还是实用新型专利，或是发明专利都比其他地级市高出很多。

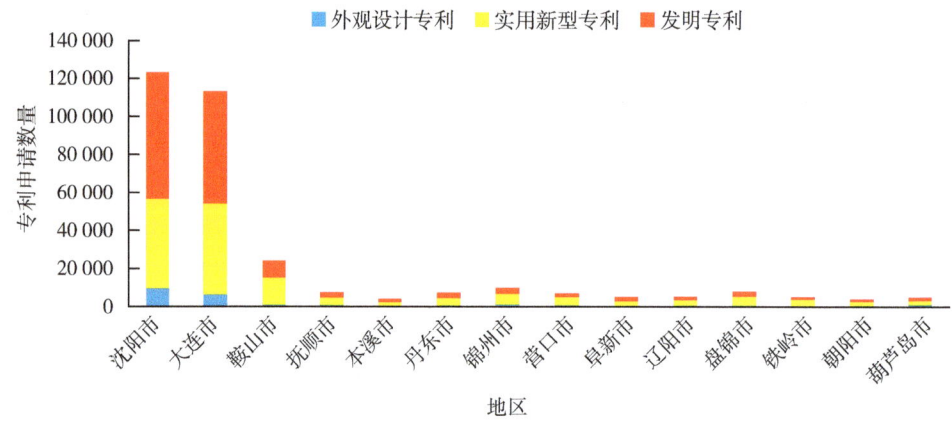

图 4-6　2009—2018 年辽宁省各地级市 3 种类专利分布

表 4-6 的数据表示的是辽宁省 14 个地级市 2009—2018 年 3 种专利数量分布情况。辽宁省 14 个地级市都比较侧重在发明专利和实用新型上，外观设计专利数量相对最少。除了沈阳市和大连市的发明专利比实用新型多外，其他 12 个地级市的发明专利数量都比实用新型少。发明专利是最能代表技术原创性的专利类型，也是保护原创性知识产权最有力的武器。

表 4-6　2009—2018 年辽宁省各地级市 3 种类专利数量分布

地区	外观设计专利/件	实用新型专利/件	发明专利/件
沈阳市	9593	47 093	66 512
大连市	6441	47 806	58 981
鞍山市	1003	14 433	8634
抚顺市	781	4110	2724
本溪市	336	2266	1513
丹东市	675	3960	2816
锦州市	1181	5690	3107
营口市	875	4200	2075

续表

地区	外观设计专利/件	实用新型专利/件	发明专利/件
阜新市	278	2802	2207
辽阳市	709	2987	1768
盘锦市	563	5051	2453
铁岭市	400	3593	1364
朝阳市	435	2486	1067
葫芦岛市	1101	2346	1597

第2节 辽宁省技术领域分布情况

一、IPC 大类 TOP 10 排名情况

（一）IPC 大类 TOP10 专利申请量分析

图 4-7 选取的是 2009—2018 年辽宁省技术领域 TOP 10 的专利申请量分布情况，排名是按照专利申请量的降序排列的，以饼图 4-7 的顺时针为序排列前十的技术大类。

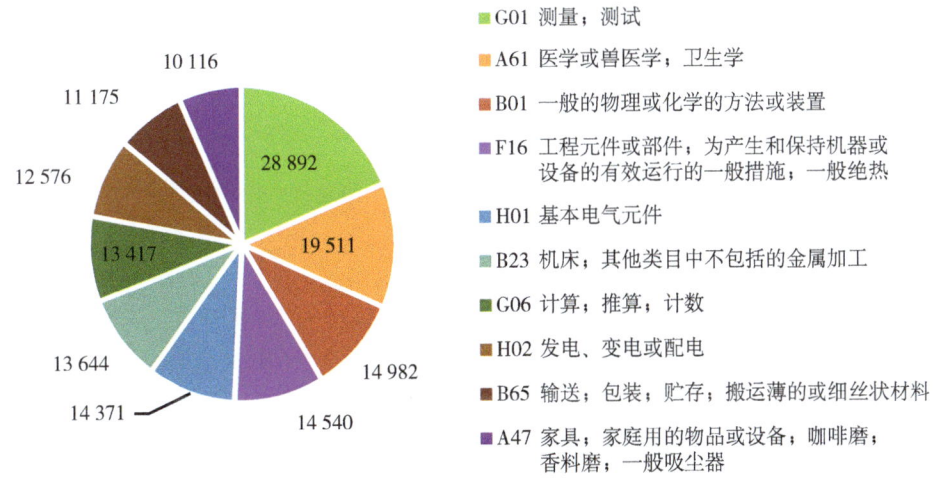

图 4-7　2009—2018 年辽宁省区域技术领域 TOP 10 专利申请量分布

表4-7是2009—2018年辽宁省地区区域技术领域排名前10的大类专利申请量及占比排名情况。可以看出辽宁省在这10年间技术领域专利申请量分布最多的是物理部下的G01（测量；测试），28 892件专利，占辽宁省十年间专利申请总量的8.55%。其次是A61（医学或兽医学；卫生学），共计19 511件专利，占辽宁省十年间专利申请总量的5.78%，再次是作业运输部下的B01（一般的物理或化学的方法或装置），共计14 982件专利，占辽宁省十年间专利申请总量的4.44%。也就是说辽宁省的技术领域主要集中在G01、A61及B01这几方面。

表4-7　2009—2018年辽宁省区域技术领域TOP 10专利申请量分布

IPC大类	专利申请量/件	占比
G01 测量；测试	28 892	8.55%
A61 医学或兽医学；卫生学	19 511	5.78%
B01 一般的物理或化学的方法或装置	14 982	4.44%
F16 工程元件或部件；为产生和保持机器或设备的有效运行的一般措施；一般绝热	14 540	4.30%
H01 基本电气元件	14 371	4.25%
B23 机床；其他类目中不包括的金属加工	13 644	4.03%
G06 计算；推算；计数	13 417	3.97%
H02 发电、变电或配电	12 576	3.72%
B65 输送；包装；贮存；搬运薄的或细丝状材料	11 175	3.31%
A47 家具；家庭用的物品或设备；咖啡磨；香料磨；一般吸尘器	10 116	2.99%

（二）IPC大类TOP 10专利授权量分析

图4-8和表4-8选取的是IPC大类中专利申请量排名居前10位的大类的专利授权数量。饼图4-8是以专利申请量排名居前10位的大类的专利授权数量由多到少的顺时针为序组成。

第 4 章
基于专利的辽宁省科技创新区域竞争力现状分析

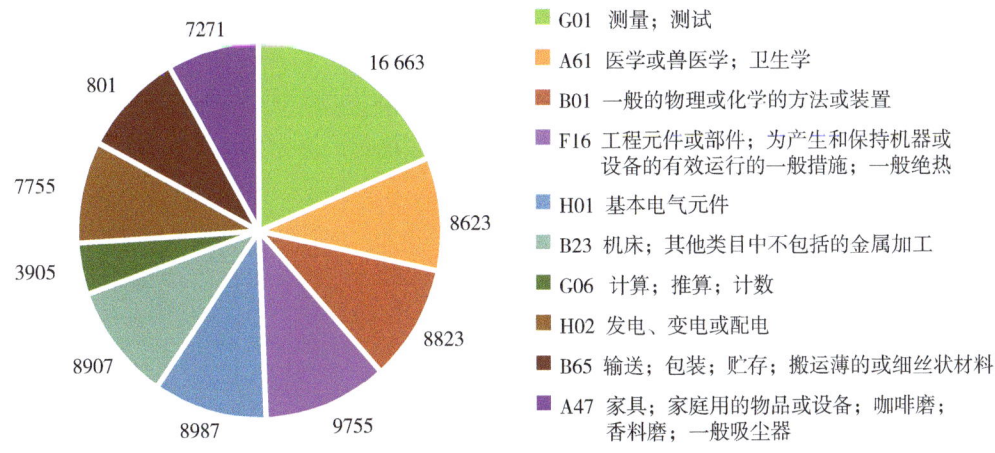

图 4-8 2009—2018 年辽宁省 IPC 大类 TOP10 专利授权数量分布

由图 4-8 可以看出，物理部下的测量；G01（测试）大类的专利授权量也是第一的，共计 16 663 件授权专利，占辽宁省区域整个专利授权总量的 7.49%；其次是 F16（机械工程和照明部下的工程元件或部件；为产生和保持机器或设备的有效运行的一般措施；一般绝热）共计 9755 件授权专利，占辽宁省区域整个专利授权总量的 4.39%；再次是电学部下的基本电气元件（H01）大类，共计 8987 件授权专利，占辽宁省区域整个专利授权总量的 4.04%。

表 4-8 2009—2018 年辽宁省 IPC 大类 TOP10 专利授权数量分布

IPC 大类	专利授权量 / 件	占比
G01 测量；测试	16 663	7.49%
A61 医学或兽医学；卫生学	8623	3.88%
B01 一般的物理或化学的方法或装置	8823	3.97%
F16 工程元件或部件；为产生和保持机器或设备的有效运行的一般措施；一般绝热	9755	4.39%
H01 基本电气元件	8987	4.04%
B23 机床；其他类目中不包括的金属加工	8907	4.01%
G06 计算；推算；计数	3905	1.76%
H02 发电、变电或配电	7755	3.49%
B65 输送；包装；贮存；搬运薄的或细丝状材料	8016	3.61%
A47 家具；家庭用的物品或设备；咖啡磨；香料磨；一般吸尘器	7271	3.27%

(三) IPC 大类 TOP 10 专利类型数量分析

图 4-9 和表 4-9 统计显示 2009—2018 年辽宁省 IPC 大类专利 TOP 10 的专利类型分布情况。绿色柱体代表的是发明专利类型，黄色柱体代表的是实用新型类型。

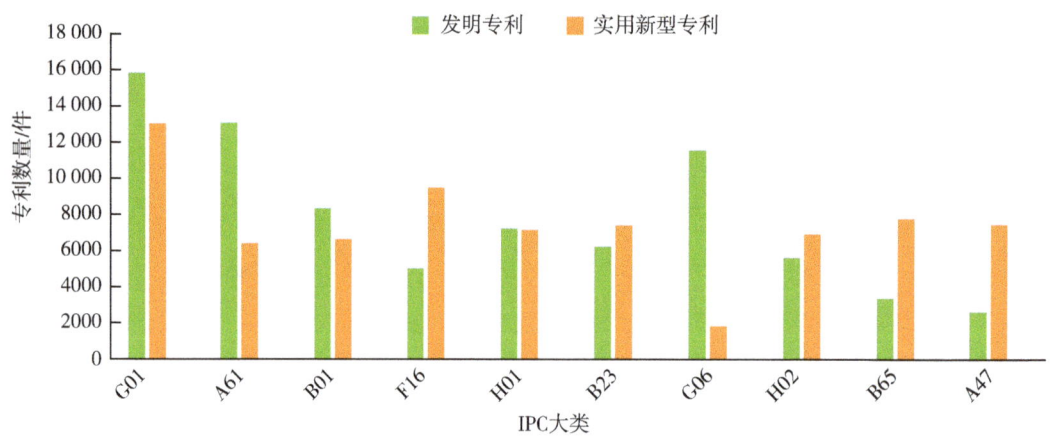

图 4-9　2009—2018 年辽宁省 IPC 大类专利 TOP 10 的专利类型分布

在 G01（测量；测试）、B01（一般的物理或化学的方法或装置）、H01（基本电气元件）大类下的发明专利和实用新型的专利数量显示，发明专利略多于实用新型专利。A61（医学或兽医学；卫生学）、B65（输送；包装；贮存；搬运薄的或细丝状材料）大类下发明专利则是实用新型专利的 2 倍以上，A47（家具；家庭用的物品或设备；咖啡磨；香料磨；一般吸尘器）大类下发明专利是实用新型专利的 2.8 倍以上。G06（计算；推算；计数）大类下的发明专利是实用新型专利的 6 倍多。在 F16（工程元件或部件；为产生和保持机器或设备的有效运行的一般措施；一般绝热）、B23（机床；其他类目中不包括的金属加工）、H02（发电、变电或配电）大类下则实用新型专利较发明专利多。

表 4-9　IPC 大类发明专利和实用新型专利 TOP 10 专利数量分布

IPC 大类	发明专利/件	实用新型/件
G01 测量；测试	15 832	13 060
A61 医学或兽医学；卫生学	13 091	6420
B01 一般的物理或化学的方法或装置	8332	6650
F16 工程元件或部件；为产生和保持机器或设备的有效运行的一般措施；一般绝热	5032	9508

续表

IPC 大类	发明专利/件	实用新型/件
H01 基本电气元件	7224	7147
B23 机床；其他类目中不包括的金属加工	6224	7420
G06 计算；推算；计数	11 582	1840
H02 发电、变电或配电	5630	6946
B65 输送；包装；贮存；搬运薄的或细丝状材料	3394	7781
A47 家具；家庭用的物品或设备；咖啡磨；香料磨；一般吸尘器	2630	7486

（四）IPC 大类 TOP 10 专利地域分布分析

图 4-10 和表 4-10 统计显示辽宁省 IPC 技术分类排名居前 10 位的技术领域大类的地级市分布情况。由图 4-10 中可以看出辽宁省前 10 名 IPC 技术领域主要集中在沈阳市和大连市，足以说明这两个地方无论在专利数量上，还是技术领域上面都是遥遥领先的，远超其他地级市，进一步说明这两个市科技创新能力较强，科研投入较多，科技贡献较大。

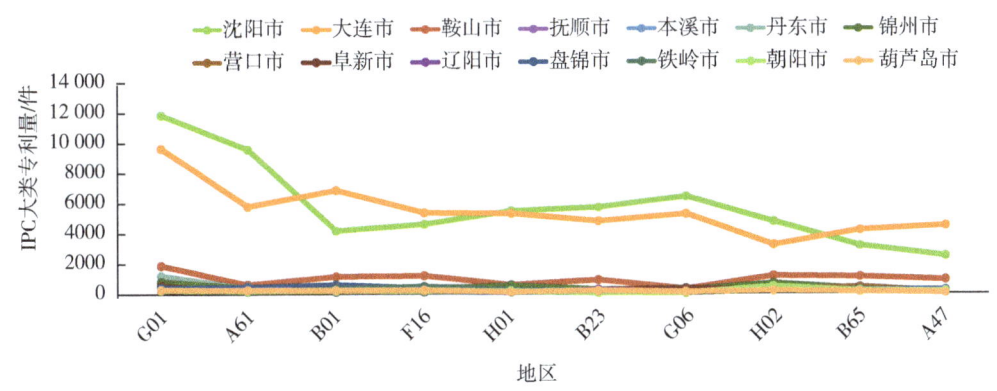

图 4-10　辽宁省 IPC 技术分类 TOP 10 的技术领域大类的地级市分布情况

从表 4-10 的数据中可知，G01（测量；测试）大类中排名居前 5 位的分别是沈阳市、大连市、鞍山市、丹东市和锦州市；A61（医学或兽医学；卫生学）大类下排名居前 5 位的分别是沈阳市、大连市、鞍山市、本溪市、盘锦市；B01（一般的物理或化学的方法或装置）大类下排名居前 5 位的分别是大连市、沈阳市、鞍山市、抚顺市、盘锦市；F16（工程元件或部件；为产生和保持机器或设备的有效运行的一般措施；一般绝热）大类下排名居前5位的分别是沈阳市、大连市、鞍山市、铁岭市、丹东市。H01（基本电气元件）大类下排名居前5位的分别是沈阳市、大连市、鞍山市、锦州市、丹东市。B23（机床；其他类目中不包括的金属加工）大类下排名居前5位的分别是沈阳市、大连市、鞍山市、锦州市、丹东市；G06（计算；推算；计数）大类下排名前5位的分别是沈阳市、大连市、阜新市、鞍山市、锦州市，阜新市在G06（计算；推算；计数）大类中排名居第3名，说明阜新市在此类专利申请上除了沈阳市和大连市外比其他地级市较有优势；H02（发电、变电或配电）大类下排名居前5位的分别是沈阳市、大连市、鞍山市、锦州市、朝阳市；B65（输送；包装；贮存；搬运薄的或细丝状材料）大类下排名居前5位的分别是大连市、沈阳市、鞍山市、营口市、锦州市；A47（家具；家庭用的物品或设备；咖啡磨；香料磨；一般吸尘器）大类下排名居前5位的分别是大连市、沈阳市、鞍山市、盘锦市、本溪市。

表4-10　IPC大类TOP 10专利地域分布

单位：件

地区	G01	A61	B01	F16	H01	B23	G06	H02	B65	A47
沈阳市	11 862	9609	4191	4617	5493	5724	6436	4783	3165	2491
大连市	9671	5798	6873	5382	5330	4814	5278	3230	4207	4508
鞍山市	1895	643	1159	1216	598	913	332	1175	1119	933
抚顺市	553	228	616	281	305	188	138	378	266	150
本溪市	262	506	136	133	101	89	76	192	152	219
丹东市	1213	403	423	452	449	250	89	294	232	80
锦州市	834	425	457	340	561	283	249	650	319	152
营口市	288	242	469	269	276	178	66	238	408	101
阜新市	576	174	175	171	181	234	338	202	187	146
辽阳市	243	196	268	234	119	275	39	214	235	107
盘锦市	458	473	614	386	232	131	83	326	224	232
铁岭市	272	167	376	491	276	188	52	187	239	91
朝阳市	256	208	205	199	182	72	38	438	179	164
葫芦岛市	297	277	259	251	120	202	99	178	134	53

第 4 章 基于专利的辽宁省科技创新区域竞争力现状分析

二、辽宁省主要特色产业技术领域分布情况

（一）辽宁省主要特色产业专利申请量区域分布

图 4-11 和表 4-11 是 2009—2018 年辽宁省内 14 个地级市在农业（A01）、加工业（B）、化工工业（C）、医药（A61）、电子信息（G）、通信技术（H04）主要特色产业专利申请量分布情况。图 4-11 中每一个颜色代表一种特色产业专利申请数量，其中沈阳市和大连市的每一种颜色的柱体相对于其他地级市均高出很多。

从表 4-11 的数据中得到沈阳市和大连市在这六大类主要特色产业上的专利申请量都高于其他 12 个地级市，部分地级市达到 10 倍以上。鞍山市在加工业和化工工业的专利申请量比较突出，也达到了四位数，同时也高出除沈阳市和大连市外的其他 11 个地级市 10 倍左右。

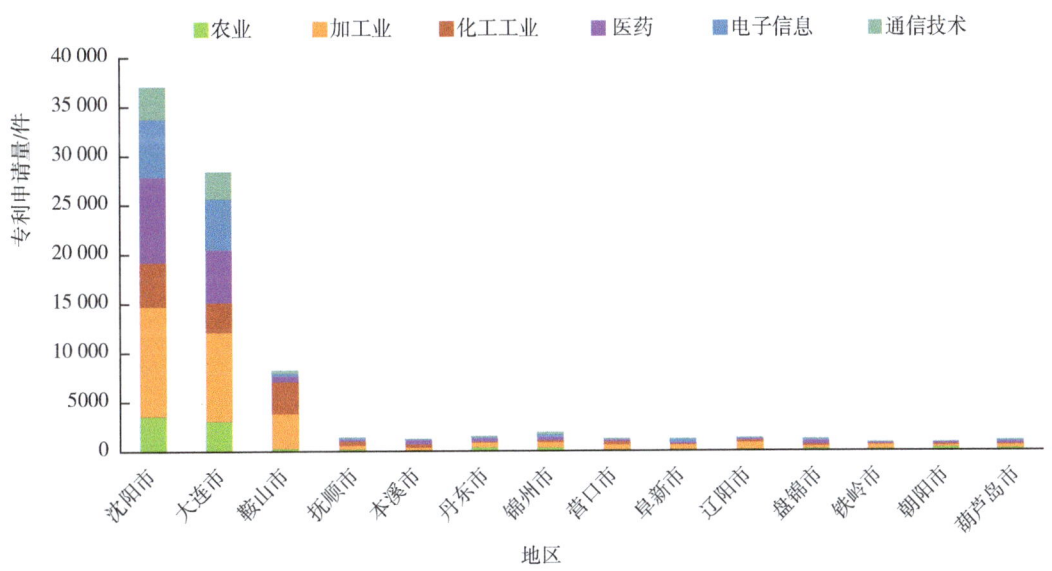

图 4-11 2009—2018 年辽宁省主要特色产业专利申请量区域分布

表 4-11 2009—2018 年辽宁省主要特色产业专利申请量区域分布

单位：件

地区	农业	加工业	化工工业	医药	电子信息	通信技术
沈阳市	3596	11 141	4467	8697	5876	3268
大连市	3109	9026	3030	5341	5178	2768

续表

地区	农业	加工业	化工工业	医药	电子信息	通信技术
鞍山市	330	3534	3250	578	314	245
抚顺市	223	375	440	212	128	76
本溪市	95	319	331	446	65	38
丹东市	416	455	132	366	91	72
锦州市	364	547	222	361	258	168
营口市	148	508	330	199	40	64
阜新市	155	482	101	150	328	47
辽阳市	149	701	243	175	42	31
盘锦市	225	283	176	408	79	84
铁岭市	187	393	110	124	45	46
朝阳市	350	193	142	159	32	31
葫芦岛市	232	337	121	235	88	64

（二）辽宁省主要特色产业专利授权量区域分布

图 4-12 是 2009—2018 年辽宁省内 14 个地级市在农业、加工业、化工工业、医药、电子信息、通信技术主要特色产业专利授权量分布情况。图 4-12 的授权量分布情况基本和图 4-11 的申请量走势相同。农业、医药、电子信息和通信技术大类主要集中在沈阳市和大连市；加工业主要集中在沈阳市、大连市和鞍山市；化工工业主要集中在沈阳市、鞍山市和大连市。

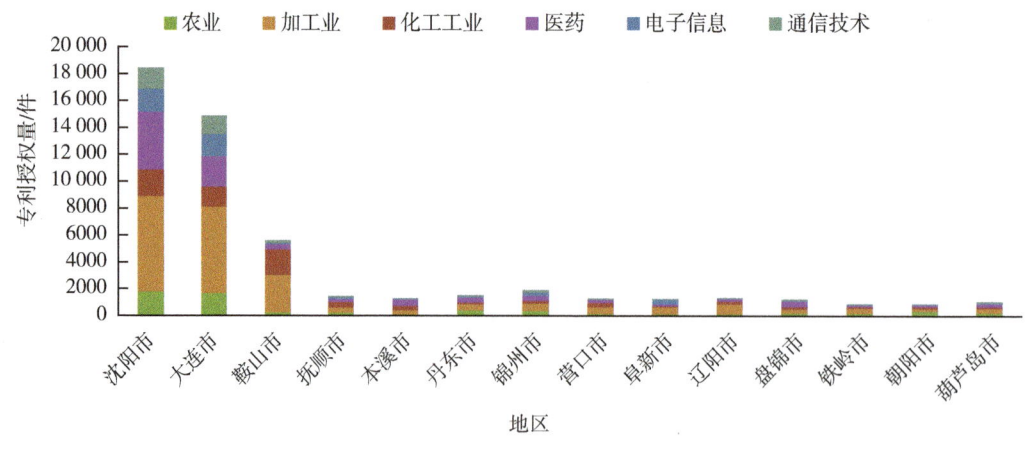

图 4-12 2009—2018 年辽宁省主要特色产业专利授权量区域分布

第4章 基于专利的辽宁省科技创新区域竞争力现状分析

表4-12给出了14个地级市的六大主要特色产业的专利授权量分布情况。由表中数据可知，沈阳市和大连市在这六大主要特色产业中占据绝对优势。

表4-12　2009—2018年辽宁省主要特色产业专利授权量区域分布

单位：件

地区	农业	加工业	化工工业	医药	电子信息	通信技术
沈阳市	1789	7108	1993	4280	1721	1550
大连市	1666	6453	1506	2246	1662	1340
鞍山市	230	2811	1908	374	135	161
抚顺市	223	375	440	212	128	76
本溪市	95	319	331	446	65	38
丹东市	416	455	132	366	91	72
锦州市	364	547	222	361	258	168
营口市	148	508	330	199	40	64
阜新市	155	482	101	150	328	47
辽阳市	149	701	243	175	42	31
盘锦市	225	283	176	408	79	84
铁岭市	187	393	110	124	45	46
朝阳市	350	193	142	159	32	31
葫芦岛市	232	337	121	235	88	64

（三）辽宁省主要特色产业专利类型数量区域分布分析

表4-13统计显示2009—2018年辽宁省内14个地级市在农业、加工业、化工工业、医药、电子信息、通信技术主要特色产业专利类型分布情况。辽宁省这六大特色产业的专利类型主要集中在发明专利和实用新型专利。在农业大类下，除了沈阳市和大连市的实用新型比发明专利少外，其余12个地级市实用新型都比发明专利多；在加工业大类下，沈阳市的实用新型比发明专利少，其余13个地级市的实用新型比发明专利多；化工工业大类下，营口市的实用新型专利比发明专利多，铁岭市的实用新型与发明专利基本持平，其余12个地级市的实用新型比发明专利少；医药大类下，鞍山市、盘锦市、朝阳市实用新型比发明专利多，阜新市实用新型与发明专利相等，其余10个地级市实用新型

比发明专利少;电子信息大类下,实用新型比发明专利多的地级市有锦州市、丹东市、辽阳市、铁岭市,其余地级市实用新型比发明专利少;通信技术大类下,沈阳市、大连市、阜新市和葫芦岛市发明专利比实用新型专利多,其余10个地级市实用新型比发明专利多。

表 4-13 2009—2018 年辽宁省各地级市主要特色产业专利类型数量区域分布

单位:件

地区	农业		加工业		化工工业		医药		电子信息		通信技术	
	实用新型专利	发明专利	实用新型专利	发明专利	实用新型专利	发明专利	实用新型专利	发明专利	实用新型专利	发明专利	实用新型专利	发明专利
沈阳市	1313	2283	4579	6562	417	4050	2829	5868	609	5267	967	2301
大连市	1299	1810	5234	3792	812	2218	1510	3831	762	4416	921	1847
鞍山市	206	124	2161	1373	1016	2234	305	273	98	216	147	98
抚顺市	138	85	243	132	111	329	101	111	35	93	51	25
本溪市	70	25	199	120	110	221	116	330	31	34	23	15
丹东市	257	159	290	165	51	81	176	190	46	45	39	33
锦州市	275	89	411	136	57	165	149	212	134	124	115	53
营口市	80	68	411	97	178	152	84	115	18	22	36	28
阜新市	117	38	380	102	22	79	75	75	21	307	20	27
辽阳市	94	55	451	250	73	170	58	117	22	20	21	10
盘锦市	136	89	206	77	77	99	234	174	23	56	46	38
铁岭市	127	60	293	100	54	56	47	75	34	11	32	14
朝阳市	273	77	135	58	61	81	100	59	14	18	22	9
葫芦岛市	128	104	218	119	31	90	66	169	27	61	25	39

第 3 节 辽宁省专利申请量排名居前 10 位的申请人构成分析

一、TOP10 申请人构成分析

申请专利的申请人是指专利产出主体。对辽宁地区的主要专利申请人进行分析,可以很好地了解辽宁地区基于专利方面的领军者、科技创新引领者。通过对专利数据的分析,探究申请人的相关信息，建立社会关系网络，知晓申请人的研究开发热点领域，为申请人的知识管理和提高科研绩效提供重要参考依据。

对申请人聚类后排序，能看出辽宁省产业技术创新产出主体的实力。专利申请量越多，说明申请人科技创新能力和知识产权保护意识越强。图4-13为2009—2018年辽宁地区专利申请总量排名居前10位的申请人构成。

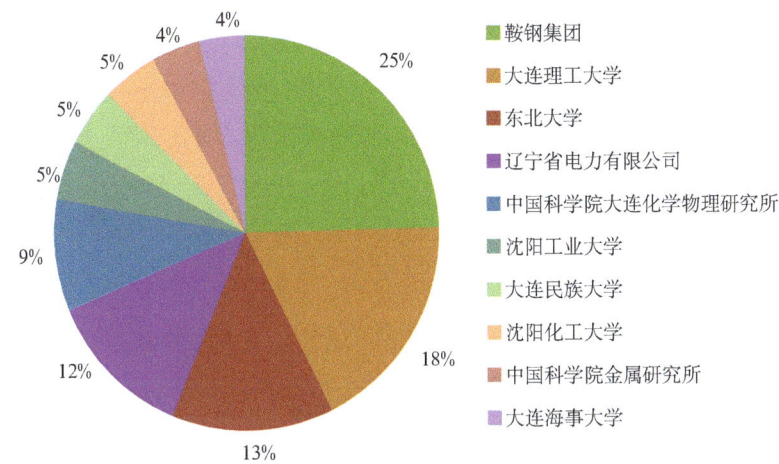

图4-13　2009—2018年辽宁地区专利请总量TOP 10申请人构成

表4-14是2009—2018年十年间，辽宁省TOP10申请人专利数量及排名情况，以降序排列。

表4-14　2009—2018年辽宁省TOP10申请人专利申请量

排名	申请人	专利数量/件
1	鞍钢集团	14 975
2	大连理工大学	10 976
3	东北大学	8247
4	辽宁省电力有限公司	7523
5	中国科学院大连化学物理研究所	5564
6	沈阳工业大学	2934
7	大连民族大学	2887
8	沈阳化工大学	2833
9	中国科学院金属研究所	2477
10	大连海事大学	2322

从图 4-13 和表 4-14 中可以看出，在 2009—2018 年十年间，辽宁地区专利申请量排名居第 1 位的是鞍钢集团，共计 14 975 件专利，其中，发明专利 8299 件、实用新型专利 6668 件、外观设计专利 8 件。鞍钢集团下属有两家区域公司，即鞍山钢铁集团有限公司和攀钢集团有限公司，鞍钢集团还有 10 个板块公司和 8 个直属机构，因此，在检索鞍钢集团申请的专利数量时，把两家分公司的各个子公司也归并为鞍钢集团。大连理工大学是中央直管、教育部直属的副部级全国重点大学，中国最早建立的四所著名重点工学院之一，是国家"双一流""211 工程""985 工程"高等院校，专利申请量排名居第 2 位，共计 10 976 件，其中发明专利 9641 件，实用新型专利 1285 件，外观设计专利 50 件。东北大学作为教育部直属的理工类研究型大学，国家首批"211 工程"和"985 工程"重点建设的高等院校，专利申请量排名居第 3 位，共计 8247 件，其中发明专利 7169 件，实用新型专利 1032 件，外观设计专利 46 件。辽宁省电力有限公司成立于 1999 年，是国家电网有限公司的全资子公司，以建设运营辽宁电网为核心业务，专利申请量排名居第 4 位，共计 7523 件，其中发明专利 4084 件，实用新型专利 3394 件，外观设计专利 45 件。中国科学院大连化学物理研究所是一个基础研究与应用研究并重、应用研究和技术转化相结合，以任务带学科为主要特色的综合性研究所，专利申请量排名居第 5 位，共计 5564 件，其中发明专利 5284 件，实用新型专利 255 件，外观设计专利 25 件。沈阳工业大学是一所以工为主，涵盖工学、理学、经学、管学、文学、法学、哲学、艺术学八大学科门类的多科性教学研究型大学，专利申请量排名居第 6 位，共计 2934 件，其中发明专利 1971 件，实用新型专利 896 件，外观设计专利 67 件。大连民族大学是国家民族事务委员会直属的普通高等学校，是国家唯一设在东北地区和沿海开放地区的民族高等学校，也是全国唯一一所以工科和应用学科为主的民族高等学校，由国家民委、教育部和辽宁省共建，专利申请量排名居第 7 位，总计 2887 件，其中发明专利 1549 件，实用新型专利 1322 件，外观设计专利 16 件。沈阳化工大学是一所以工为主，以化工为特色，工学、理学、管理学、经济学、文学、法学、教育学、医学、艺术学等学科相结合的多科性大学，专利申请量排名居第 8 位，总计 2833 件，其中发明专利 1583 件，实用新型专利 1013 件，外观设计专利 237 件。中国科学院金属研究所是新中国成立后中国科学院新创建的首批研究所之一，主要学科方向和研究领域包括纳米尺度下超高性能材料的设计与制备、耐苛刻环境超级结构材料、金属材料失效机制与防护技术、材料制备加工技术、基于计算的材料与工艺设计、新型能源材料与生物材料等，专利申请量排名居第 9 位，总计 2477 件，其中发明专利 2136 件，实用新型专利 341 件，没有外观设计专利。大连海事大学是一所以航运为特色，多学科综合发展的交通运输部直属理工类院校，是被国际海事组织认定的海事院校之一，专利申请量排名居第 10 位，总计 2322 件，其中发明专利 1503 件，实用新型专利 812 件，外观设计专利 7 件。

说明：辽宁地区发明创造性的研究能力主要集中在高等院校和研究院所，公司企业在专利申请总量上面还有待提高，与高等院校和研究院所相比，还有一定差距。

二、申请人类型分析

将申请人主要划分为"个人""公司企业""高等院校""研究机构""行业协会"等，另外，将无法归入这五类的统一归入"其他"类中。2009—2018 年辽宁省地区全部申请人的类型统计分析结果，如图 4-14 所示。

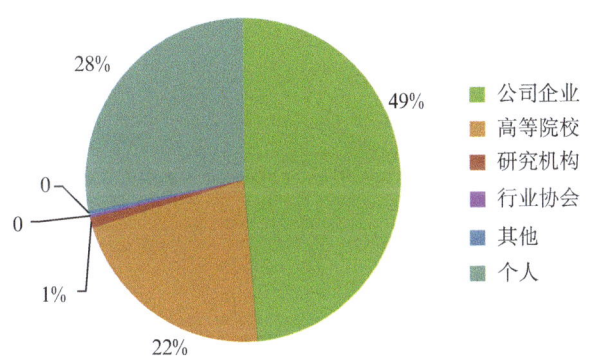

图 4-14　2009—2018 年辽宁省地区专利申请人类型构成

从申请人构成可以看出，在 2009—2018 年辽宁省地区的专利申请人主要是公司企业，占整个专利申请量的 49%；个人占整个专利申请量的 28%；高等院校占整个专利申请量的 22%。结合图 4-13 得出 2009—2018 年辽宁省专利申请总量 TOP 10，有 6 所高等院校，2 所科研究所，2 家企业。从两组数据可以说明辽宁地区的科技创新以公司企业为主体，专利作为企业技术创新能力与水平的标志，越来越多地受到企业的关注，企业的科技创新者范围大、数量多，而高等院校的科技创新能力较强，同时应该加强提升企业与高等院校和研究院所的联合，实现产学研深度有机的结合。

三、TOP10 申请人专利年度申请趋势分析

专利文献几乎覆盖了绝大多数的实用技术，将申请人的全部专利按时间顺序分布排列，就可以看出研究对象的研究进展情况，见图 4-15。图 4-15 清楚地展示出 2009—2018 年，每年辽宁省专利申请量居前 10 位的申请人专利走势情况，每一条线代表一位申请人，整体上都呈现了上升的趋势。

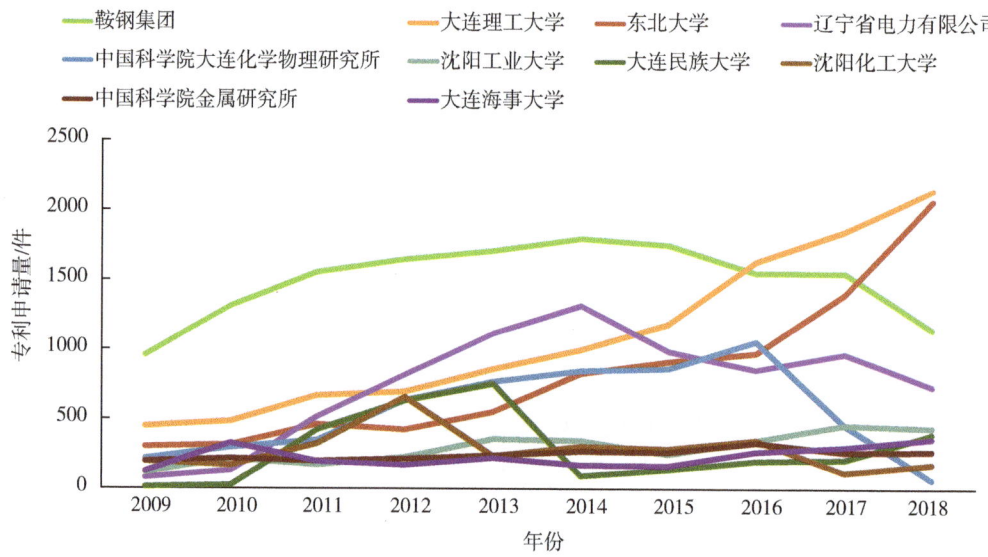

图 4-15　2009—2018 年辽宁省专利申请量居前 10 位的申请人专利走势情况

表 4-15 为 2009—2018 年辽宁省 TOP 10 专利申请人专利申请趋势，由表 4-16 的数据中得出 10 位申请人 2018 年的专利申请量均比 2009 年多，平均增长率最高的申请人是大连民族大学，为 205.58%；其次是辽宁省电力有限公司，为 46.84%；东北大学的平均增长率为 25.61%，排名居第 3 位；大连海事大学的平均增长率为 23.05%，排名居第 4 位。沈阳工业大学平均增长率为 21.27%，排名居第 5 位；大连理工大学的平均增长率为 19.47%，排名居第 6 位；沈阳化工大学的平均增长率为 16.22%，排名居第 7 位；中国科学院大连化学物理研究所的平均增长率为 5.46%，排名居第 8 位；中国科学院金属研究所的平均增长率为 4.49%，排名居第 9 位；鞍钢集团的平均增长率为 3.33%，排名居第 10 位。

第 4 章
基于专利的辽宁省科技创新区域竞争力现状分析

表 4-15　2009—2018 年辽宁省 TOP 10 专利申请人专利申请趋势

单位：件

申请人	2009 年	2010 年	2011 年	2012 年	2013 年	2014 年	2015 年	2016 年	2017 年	2018 年
鞍钢集团	959	1312	1556	1646	1709	1797	1750	1552	1549	1145
大连理工大学	450	485	670	697	861	999	1183	1634	1852	2145
东北大学	303	318	462	425	553	828	914	974	1402	2068
辽宁省电力有限公司	80	131	517	819	1114	1315	987	857	969	734
中国科学院大连化学物理研究所	218	297	350	637	769	848	863	1056	460	66
沈阳工业大学	116	215	171	228	359	347	250	348	460	440
大连民族大学	13	25	423	632	755	94	140	201	210	394
沈阳化工大学	198	169	324	659	235	306	290	353	120	179
中国科学院金属研究所	196	219	200	215	240	272	264	333	267	271
大连海事大学	125	329	198	172	223	172	168	268	303	364

四、TOIP10 申请人技术领域分布分析

将申请人的全部专利按类别进行排序并考虑其分布情况，即可判断竞争对手的核心技术领域、技术特点、技术优势等，从而可以对研究对象的技术政策和发展方向等做出判断。如果其申请带有突击性，即突然就某一研究领域申请大量专利，那么其意图很可能就是想封杀他人研究开发之路，这就要提高警惕，看是否还有机会避开其锋芒，同时要考虑是否还有必要和可能再进行自我研究开发。

（一）鞍钢集团

1. 前 10 个 IPC 技术领域分布

图 4-16 是 2009—2018 年鞍钢集团全部专利的技术领域排名前 10 位的分布构成，图中各百分比数为各大类占前 10 个 IPC 技术专利总量的比重，排名前十的技术领域的专利数量从多到少以饼图的顺时针方向排列。每一种颜色代表一种技术领域，扇形面积大小代表专利申请数量多少，面积越大代表该技术领域专利数量越多。

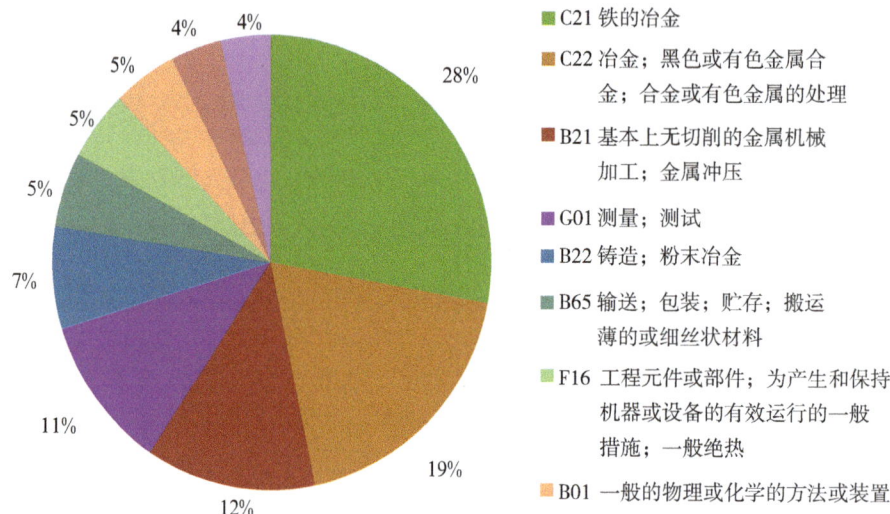

图 4-16　2009—2018 年鞍钢集团全部专利的技术领域排名居前 10 位的分布构成

表 4-16 列出了鞍钢集团前 10 个 IPC 技术领域专利申请量。由表可以看出鞍钢集团主要技术领域集中在 C21（铁的冶金），占鞍钢集团整个专利申请量的 22.7%，C22（冶金；黑色或有色金属合金；合金或有色金属的处理）方面的专利申请量也较多，共 2309 件，占 15.42%。该企业核心专利技术布局主要集中在冶金、金属机械加工、铸造、工程元件、物理方法、无机化学等方面。

表 4-16　鞍钢集团前 10 个 IPC 技术领域专利申请量

IPC 大类	专利申请量 / 件
C21 铁的冶金	3402
C22 冶金；黑色或有色金属合金；合金或有色金属的处理	2309
B21 基本上无切削的金属机械加工；金属冲压	1532
G01 测量；测试	1344
B22 铸造；粉末冶金	892
B65 输送；包装；贮存；搬运薄的或细丝状材料	644
F16 工程元件或部件；为产生和保持机器或设备的有效运行的一般措施；一般绝热	605
B01 一般的物理或化学的方法或装置	583
C01 无机化学	459
B03 用液体或用风力摇床或风力跳汰机分离固体物料；从固体物料或流体中分离固体物料的磁或静电分离；高压电场分离	457

2. 前 10 个 IPC 技术趋势分析

图 4-17 和表 4-17 为 2009—2018 年鞍钢集团申请的专利中前 10 个 IPC 技术变化趋势和特点，它们可以在一定程度上揭示鞍钢集团的技术演变趋势、技术研发方向和特点。鞍钢集团这十年间一直致力于冶金方面的技术开发，这与该公司背景基本吻合。

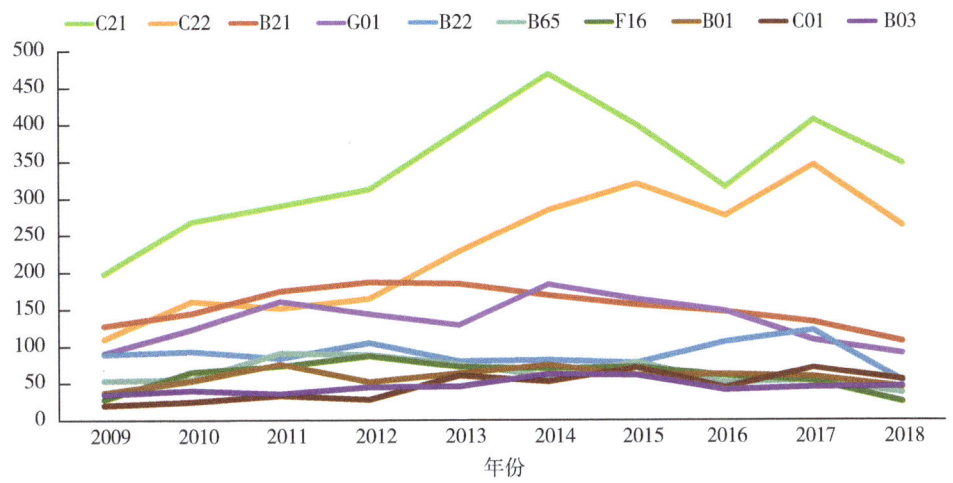

图 4-17　2009—2018 年鞍钢集团申请的专利中前 10 个 IPC 技术变化趋势分析

表 4-17 为 2009—2018 年鞍钢集团申请的专利中前 10 个 IPC 技术变化趋势分布，其中平均增长率分别为 C21 大类 8.34%、C22 大类 12.51%、B21 大类 -1.27%、G01 大类 2.69%、B22 大类 -1.33%、B65 大类 0.32%、F16 大类 7.26%、B01 大类 5.52%、C01 大类 20.02%、B03 大类 4.87%，即 B21 大类和 B22 大类平均增长率为负值。

表 4-17　2009—2018 年鞍钢集团申请的专利中前 10 个 IPC 技术趋势分析

IPC 大类	2009 年	2010 年	2011 年	2012 年	2013 年	2014 年	2015 年	2016 年	2017 年	2018 年
C21	198	269	291	313	391	469	400	316	407	348
C22	110	161	152	165	229	285	320	277	346	264
B21	128	145	175	187	185	169	156	147	133	107
G01	91	123	161	144	129	184	164	148	109	91
B22	89	93	84	105	80	82	78	106	122	53
B65	53	55	91	89	76	59	79	51	54	37

续表

IPC 大类	2009 年	2010 年	2011 年	2012 年	2013 年	2014 年	2015 年	2016 年	2017 年	2018 年
F16	28	65	73	87	72	70	72	60	53	25
B01	37	53	76	52	63	75	61	62	59	45
C01	20	25	33	28	60	52	71	44	71	55
B03	35	40	36	45	46	62	61	41	45	46

（二）大连理工大学

1. 前 10 个 IPC 技术领域分布

图 4-18 为 2009—2018 年大连理工大学专利技术领域 TOP 10 技术领域分布情况，主要集中在物理部下的 G01（测量；测试）、G06（计算；推算；计数），各占前 10 个 IPC 技术大类专利总数的 28% 和 16%。从专利技术领域分布图上可以看出大连理工大学较强专业集中在物理、化学、电学、机床和医学等方面。

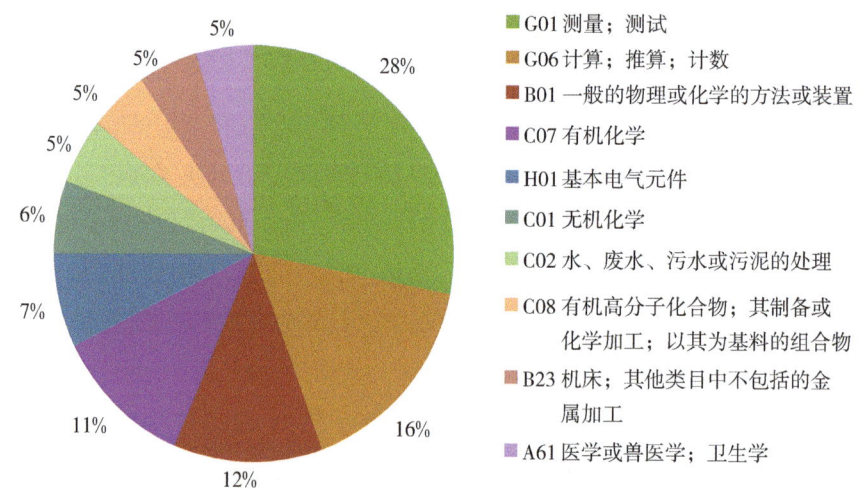

图 4-18 2009—2018 年大连理工大学前 10 个 IPC 技术领域分布

表 4-18 是 2009—2018 年大连理工大学前 10 个 IPC 技术领域的专利申请量，专利申请主要集中在 G 物理部下的 G01 和 G06 两大类，共占大连理工大学整个专利量的 30.11%。

第 4 章
基于专利的辽宁省科技创新区域竞争力现状分析

表 4-18　2009—2018 年大连理工大学前 10 个 IPC 技术领域的专利申请量

IPC 大类	专利数 / 件
G01 测量；测试	2090
G06 计算；推算；计数	1215
B01 一般的物理或化学的方法或装置	888
C07 有机化学	844
H01 基本电气元件	546
C01 无机化学	416
C02 水、废水、污水或污泥的处理	378
C08 有机高分子化合物；其制备或化学加工；以其为基料的组合物	365
B23 机床；其他类目中不包括的金属加工	354
A61 医学或兽医学；卫生学	348

2. 前 10 个 IPC 技术趋势分析

图 4-19 是 2009—2018 年大连理工大学 TOP 10 IPC 技术领域趋势，通过统计分析这种变化趋势，可以在一定程度上揭示大连理工大学技术研究倾向。每一种颜色代表一类专利技术，面积越大代表专利申请数量越多。大连理工大学 IPC 前 10 个大类随时间推移逐年呈上升的趋势。

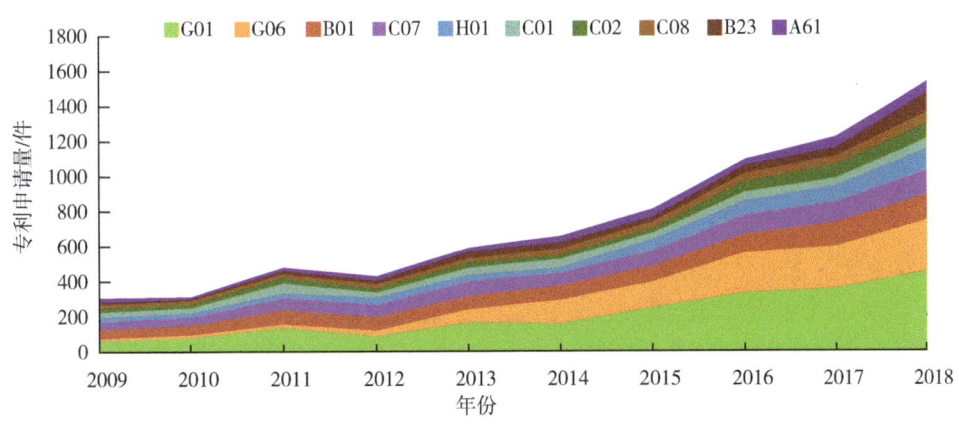

图 4-19　2009—2018 年大连理工大学 TOP 10 个 IPC 技术趋势

表 4-19 为 2009—2018 年大连理工大学前 10 个 IPC 技术趋势分析，由表中数据可

知 IPC 技术领域的平均增长率分别为 G01 大类 29.21%、G06 大类 46.80%、B01 大类 13.22%、C07 大类 14.30%、H01 大类 24.41%、C01 大类 15.84%、C02 大类 26.11%、C08 大类 14.43%、B23 大类 40.11%、A61 大类 18.72%，其中前 10 个 IPC 技术领域大类平均增长率均为两位数。

表 4-19 2009—2018 年大连理工大学前 10 个 IPC 技术趋势分析

单位：件

IPC 大类	2009 年	2010 年	2011 年	2012 年	2013 年	2014 年	2015 年	2016 年	2017 年	2018 年
G01	66	81	136	90	167	158	248	333	356	455
G06	12	18	23	33	75	137	149	231	243	294
B01	51	54	81	76	74	81	89	104	135	143
C07	47	46	69	70	85	72	88	110	117	140
H01	24	25	27	41	36	31	67	80	94	121
C01	29	29	56	29	40	50	34	50	42	57
C02	22	19	30	19	30	22	23	58	72	83
C08	22	21	23	27	26	36	41	49	51	69
B23	11	8	18	20	36	35	26	42	49	109
A61	24	13	18	25	22	36	46	36	61	67

（三）东北大学

1. 前 10 个 IPC 技术领域分布

图 4-20 是 2009—2018 年东北大学前 10 个 IPC 技术领域分布，东北大学在专利技术领域前 10 个 IPC 技术领域分布比较平均，最主要集中在冶金、物理的计算和测量、无机化学、电学等技术领域。

表 4-20 是 2009—2018 年东北大学前 10 个 IPC 技术领域的专利申请量，东北大学十年间前 10 个 IPC 技术大类专利总量为 6146 件，其中，C22（冶金；黑色或有色金属合金；合金或有色金属的处理）大类专利申请量为 1166 件，占东北大学前 10 个 IPC 领域专利申请量的 18.97%，G06（计算；推算；计数）大类专利申请量为 1011 件，占 16.45%，G01（测量；测试）大类的专利申请量为 1008 件，占 16.40%。

第 4 章
基于专利的辽宁省科技创新区域竞争力现状分析

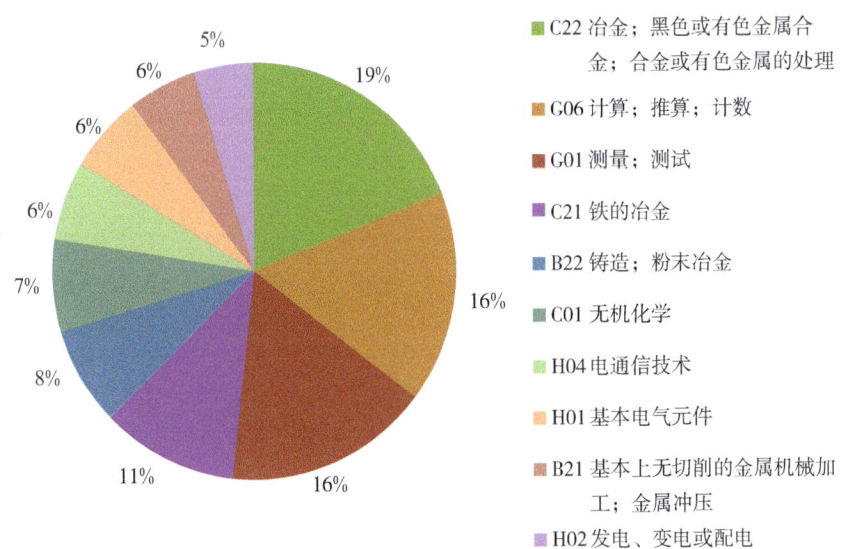

图 4-20　2009—2018 年东北大学前 10 个 IPC 技术领域分布

表 4-20　2009—2018 年东北大学前 10 个 IPC 技术领域的专利申请量

IPC 大类	专利数 / 件
C22 冶金；黑色或有色金属合金；合金或有色金属的处理	1166
G06 计算；推算；计数	1011
G01 测量；测试	1008
C21 铁的冶金	671
B22 铸造；粉末冶金	471
C01 无机化学	439
H04 电通信技术	379
H01 基本电气元件	369
B21 基本上无切削的金属机械加工；金属冲压	337
H02 发电、变电或配电	295

2. 前 10 个 IPC 技术趋势分析

图 4-21 和表 4-21 给出了 2009—2018 年东北大学前 10 个 IPC 大类的变化趋势。IPC 大类的发展变化趋势与东北大学整体专利发展趋势一样，揭示了技术发展轨迹和发展阶段。

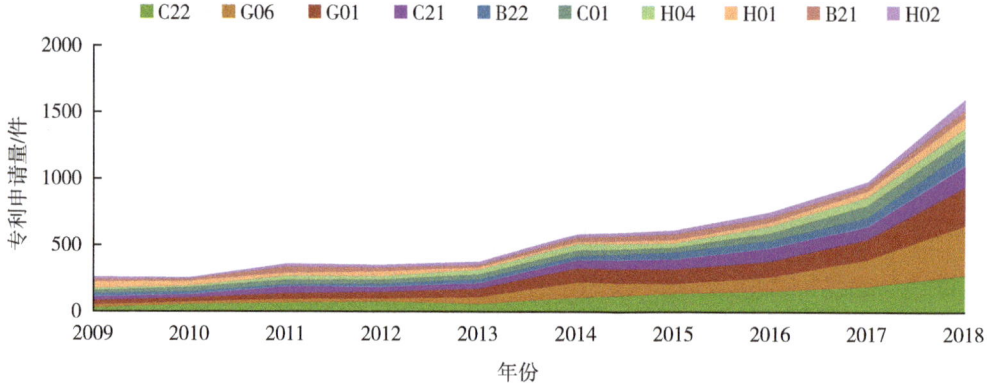

图 4-21　2009—2018 年东北大学前 10 个 IPC 技术趋势分析

表 4-21 为 2009—2018 年东北大学前 10 个 IPC 技术趋势分析，东北大学的前 10 个 IPC 技术领域平均增长率分别为 C22 大类 31.82%、G06 大类 51.33%、G01 大类 29.28%、C21 大类 28.45%、B22 大类 22.54%、C01 大类 23.52%、H04 大类 31.86%、H01 大类 15.32%、B21 大类 25.40%、H02 大类 35.50%，其中前 10 个 IPC 技术领域大类平均增长率均为两位数。

表 4-21　2009—2018 年东北大学前 10 个 IPC 技术趋势分析

单位：件

IPC 大类	2009 年	2010 年	2011 年	2012 年	2013 年	2014 年	2015 年	2016 年	2017 年	2018 年
C22	30	55	66	76	60	107	139	159	194	280
G06	21	18	30	23	50	115	72	106	202	374
G01	35	33	42	52	64	106	112	120	154	290
C21	26	24	51	35	43	59	72	99	100	162
B22	27	24	17	29	31	35	59	60	72	117
C01	19	28	33	26	33	39	30	54	85	92
H04	16	9	27	26	35	47	32	53	63	71
H01	49	37	25	37	18	17	27	30	46	83
B21	19	18	45	28	17	34	46	39	37	54
H02	17	8	22	20	25	24	27	38	33	81

第 4 章
基于专利的辽宁省科技创新区域竞争力现状分析

（四）辽宁省电力有限公司

1. 前 10 个 IPC 技术领域分布

图 4-22 是 2009—2018 年辽宁省电力有限公司前 10 个 IPC 技术领域分布情况。该公司的专利技术分布主要集中在 H02（发电、变电或配电）和 G01（测量；测试）两大类上，分别占到辽宁省电力有限公司专利总量的 33.40% 和 23.99%。辽宁省电力有限公司基本电气元件、电通信技术、物理计算和控制、信号装置、建筑物、手动工具等方面也有科技创新体现。

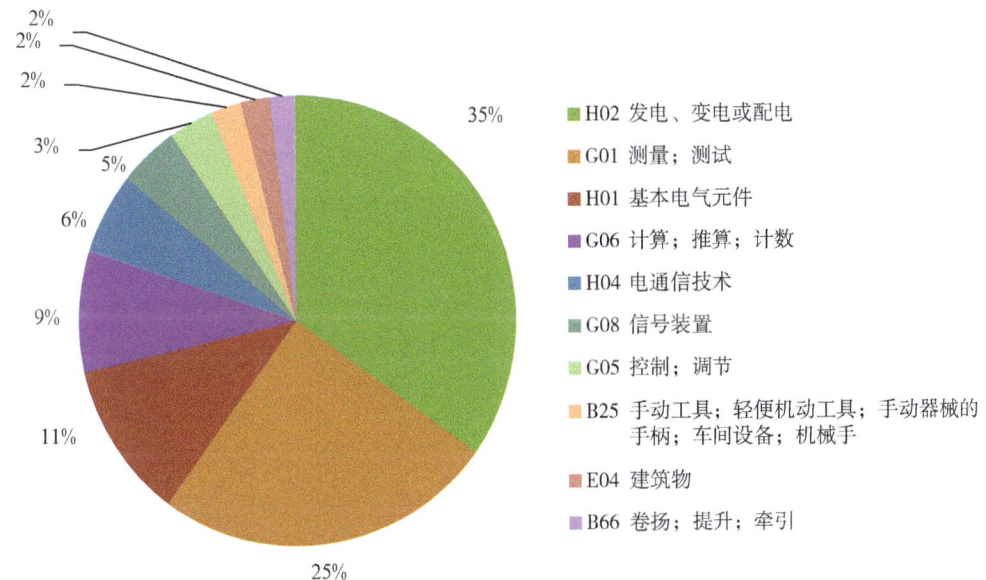

图 4-22　2009—2018 年辽宁省电力有限公司前 10 个 IPC 技术领域分布

表 4-22 为 2009—2018 年辽宁省电力有限公司前 10 个 IPC 技术领域专利申请量，十年间辽宁省电力有限公司前 10 个 IPC 技术领域申请专利共计 7187 件。

表 4-22　2009—2018 年辽宁省电力有限公司前 10 个 IPC 技术领域专利申请量

IPC 大类	专利数 / 件
H02 发电、变电或配电	2513
G01 测量；测试	1805
H01 基本电气元件	814

续表

IPC 大类	专利数/件
G06 计算；推算；计数	624
H04 电通信技术	422
G08 信号装置	320
G05 控制；调节	242
B25 手动工具；轻便机动工具；手动器械的手柄；车间设备；机械手	162
E04 建筑物	151
B66 卷扬；提升；牵引	134

2. 前 10 个 IPC 技术趋势分析

图 4-23 是 2008—2019 年辽宁省电力有限公司前 10 个 IPC 技术趋势分析，图中每一种颜色代表一个技术大类，整体上都呈现一种上升趋势。

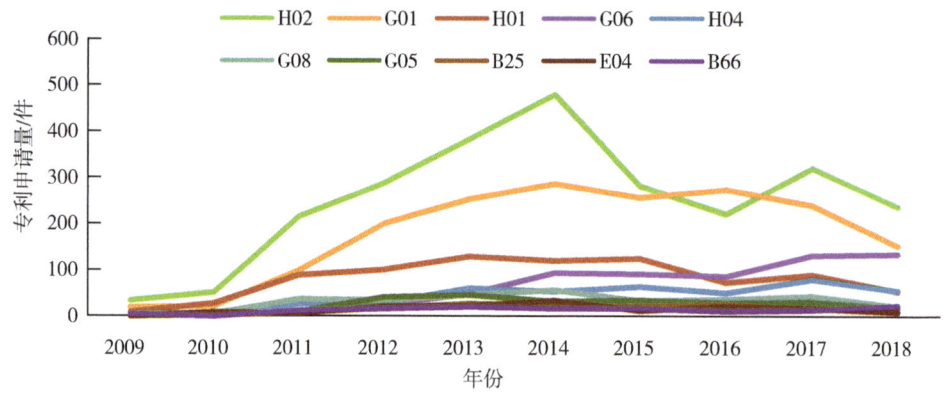

图 4-23　2009—2018 年辽宁省电力有限公司前 10 个 IPC 技术趋势分析

表 4-23 为 2009—2018 年，辽宁省电力有限公司的前 10 个 IPC 技术趋势分析，10 年间平均增长率分别为 H02 大类 46.67%、G01 大类 50.59%、H01 大类 49.58%、G06 大类 67.89%、H04 大类 143.11%、G08 大类 69.53%、G05 大类 71.25%、B25 大类 49.33%、E04 大类 25.59%、B66 大类为 -0.05%，其中 B66 大类为负增长，H04 大类增长最快，平均增长率超过了 100%，其余大类平均增长率均为两位数。

第4章 基于专利的辽宁省科技创新区域竞争力现状分析

表 4-23 2009—2018 年辽宁省电力有限公司前 10 个 IPC 技术趋势分析

单位：件

大类	2009 年	2010 年	2011 年	2012 年	2013 年	2014 年	2015 年	2016 年	2017 年	2018 年
H02	34	51	215	288	384	480	282	221	321	237
G01	19	22	99	200	254	287	257	274	240	153
H01	8	27	89	100	129	120	125	73	90	53
G06	0	3	9	25	48	93	92	87	132	135
H04	4	2	26	28	60	53	64	50	80	55
G08	5	5	37	35	47	56	33	37	44	21
G05	0	2	9	41	46	32	35	29	31	17
B25	2	2	7	18	27	23	21	26	16	20
E04	0	8	6	21	22	34	12	21	18	9
B66	4	0	12	16	20	17	17	11	14	23

（五）中国科学院大连化学物理研究所

1. 前 10 个 IPC 技术领域分布

图 4-24 是 2009—2018 年中国科学院大连化学物理研究所前 10 个 IPC 技术领域分布，按顺时针顺序专利数量由多至少。

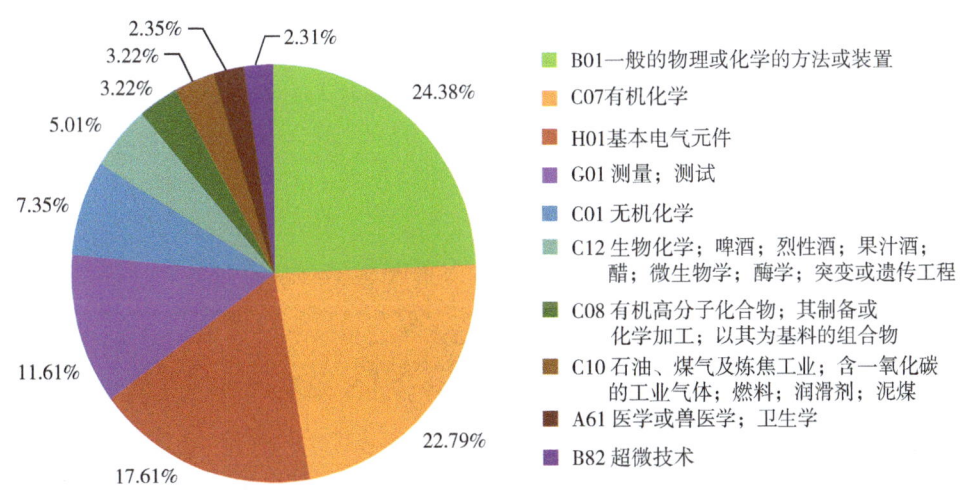

图 4-24 2009—2018 年中国科学院大连化学物理研究所前 10 个 IPC 技术领域分布

表 4-24 为 2009—2018 年中国科学院大连物理研究所前 10 个 IPC 技术领域专利申请量。通过统计分析，中国科学院大连化学物理研究所排名居第 1 位的 IPC 技术领域是 B01（一般的物理或化学的方法或装置）类，有 1755 件专利，占整个中国科学院大连化学物理研究所申请的专利量的 31.54%；C07（有机化学）类有 1641 件专利，占 29.49%；H01（基本电气元件）类有 1268 件专利，占 2.79%；物理部下的 G01（测量；测试）类有 836 件专利，占 15.03%；C01（无机化学）类有 529 件专利，占 9.51%。

表 4-24 2009—2018 年中国科学院大连化学物理研究所前 10 个 IPC 技术领域专利申请量分布

IPC 大类	专利数 / 件
B01 一般的物理或化学的方法或装置	1755
C07 有机化学	1641
H01 基本电气元件	1268
G01 测量；测试	836
C01 无机化学	529
C12 生物化学；啤酒；烈性酒；果汁酒；醋；微生物学；酶学；突变或遗传工程	361
C08 有机高分子化合物；其制备或化学加工；以其为基料的组合物	243
C10 石油、煤气及炼焦工业；含一氧化碳的工业气体；燃料；润滑剂；泥煤	232
A61 医学或兽医学；卫生学	169
B82 超微技术	166
B66 卷扬；提升；牵引	134

2. 前 10 个 IPC 技术趋势分析

图 4-25 是 2009—2018 年中国科学院大连化学物理研究所前 10 个 IPC 技术趋势分析，中国科学院大连化学物理研究所从 2009—2016 年专利申请量呈逐年上升的趋势，但 2017 年和 2018 年的专利申请量非常少。

表 4-25 为 2009—2018 年中国科学院大连化学物理研究所前 10 个 IPC 技术趋势分析，表中中国科学院大连化学物理研究所的前 10 个 IPC 技术领域 10 年间平均增长率分别为 B01 大类 2.36%、C07 大类 4.26%、H01 大类 10.53%、G01 大类 11.48%、C01 大类 8.31%、C12 大类 0.58%、C08 大类 6.42%、C10 大类 7.62%、A61 大类 39.89%、B82 大

类 88.17%，其中 B82 大类增长最快、也最突出，平均增长率接近 100%，A61 大类次之，其余大类平均增长率普遍不高。

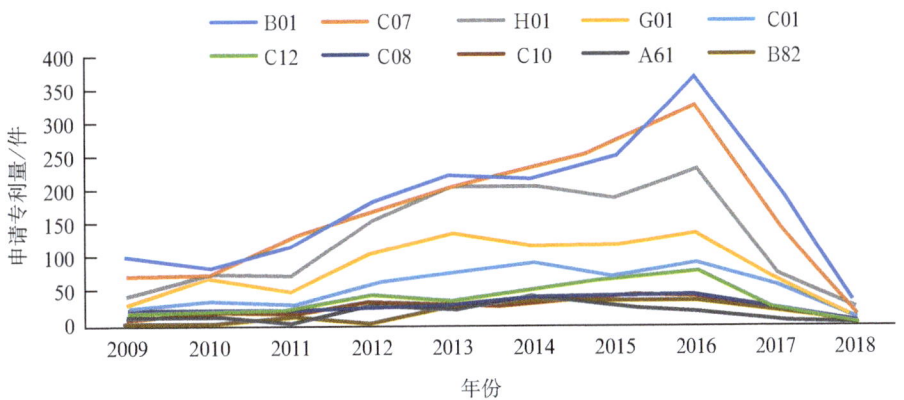

图 4-25　2009—2018 年中国科学院大连化学物理研究所前 10 个 IPC 技术趋势分析

表 4-25　2009—2018 年中国科学院大连化学物理研究所前 10 个 IPC 技术趋势分析

单位：件

IPC 大类	2009 年	2010 年	2011 年	2012 年	2013 年	2014 年	2015 年	2016 年	2017 年	2018 年
B01	103	84	117	177	219	217	249	366	206	17
C07	72	72	127	171	204	232	269	328	150	16
H01	41	71	75	153	204	204	191	230	75	24
G01	31	69	48	105	134	118	119	139	65	8
C01	22	32	27	57	76	90	70	90	59	6
C12	19	20	22	44	39	55	67	76	19	0
C08	8	17	22	28	29	36	42	43	18	0
C10	10	15	14	32	24	30	40	43	24	0
A61	11	11	4	28	23	40	27	20	5	0
B82	0	2	10	4	26	34	33	37	17	3

（六）沈阳工业大学

1. 前10个IPC技术领域分布

图4-26是2009—2018年沈阳工业大学前10个IPC技术领域分布，沈阳工业大学是以工科为主的大学，这也可以从专利申请上看出，大类上面主要集中在化学、物理、冶金、机床、铸造等学科领域。图4-26中的百分比是前10个IPC技术领域专利总数的比重值。

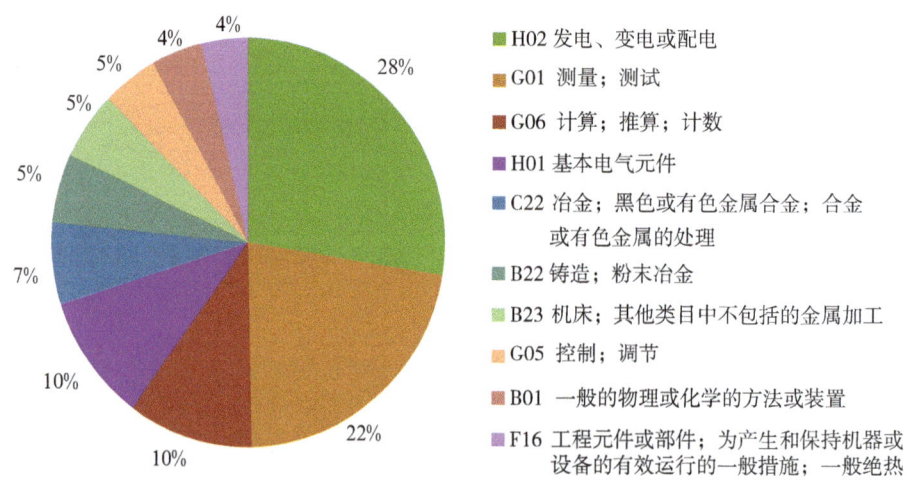

图4-26 沈阳工业大学前10个IPC技术领域分布

表4-26是2009—2018年沈阳工业大学前10个IPC技术领域专利数申请量分布，由表中数据可知，H02（发电、变电或配电）类专利601件，占沈阳工业大学十年间全部专利申请总量的20.48%；物理部下的G01（测量；测试）类专利有483件，占沈阳工业大学十年间全部专利申请总量的16.46%；物理部下的G06（计算；推算；计数）类专利225件，占沈阳工业大学十年间全部专利申请总量的7.67%。

表4-26　2009—2018年沈阳工业大学前10个IPC技术领域专利数申请量分布

IPC大类	专利数/件
H02 发电、变电或配电	601
G01 测量；测试	483
G06 计算；推算；计数	225
H01 基本电气元件	221

续表

IPC 大类	专利数/件
C22 冶金；黑色或有色金属合金；合金或有色金属的处理	141
B22 铸造；粉末冶金	118
B23 机床；其他类目中不包括的金属加工	117
G05 控制；调节	102
B01 一般的物理或化学的方法或装置	91
F16 工程元件或部件；为产生和保持机器或设备的有效运行的一般措施；一般绝热	84

2. 前 10 个 IPC 技术趋势分析

图 4-27 是 2009—2018 年沈阳工业大学前 10 个 IPC 技术趋势分析，展示了沈阳工业大学在这段时间内的技术变动过程，2013 年和 2014 年、2017 年和 2018 年专利增长较快。

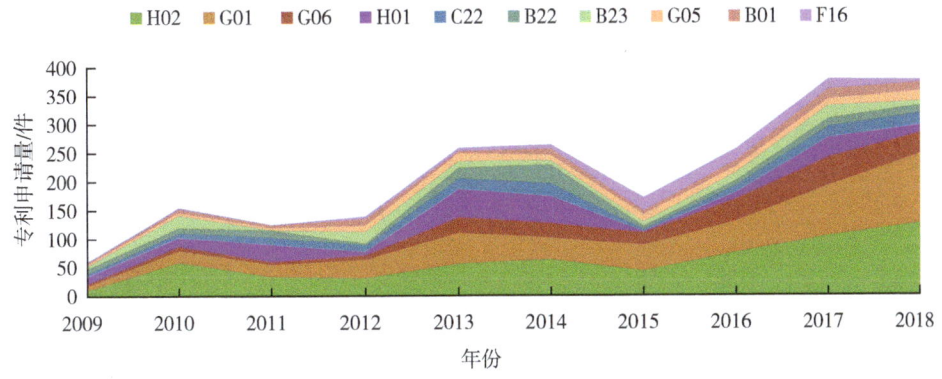

图 4-27　2009—2018 年沈阳工业大学前 10 个 IPC 技术趋势分析

表 4-27 为 2009—2018 年沈阳工业大学前 10 个 IPC 技术趋势分析，由表中数据可知，IPC 技术领域的平均增长率分别为 H02 大类 70.49%、G01 大类 43.57%、G06 大类 45.81%、H01 大类 138.30%、C22 大类 45.21%、B22 大类 98.42%、B23 大类 27.81%、G05 大类 33.11%、B01 大类 33.11%、F16 大类 21.66%，其中 H01 大类增长最快、平均增长率超过了 100%，其余大类增长率也均为两位数、增长都比较快。

表 4-27 2009—2018 年沈阳工业大学前 10 个 IPC 技术趋势分析

单位：件

IPC 大类	2009 年	2010 年	2011 年	2012 年	2013 年	2014 年	2015 年	2016 年	2017 年	2018 年
H02	10	59	34	31	56	63	43	75	104	126
G01	8	21	21	32	54	38	45	55	88	121
G06	4	7	5	8	28	26	22	39	49	37
H01	13	16	30	6	49	47	2	11	34	13
C22	5	9	14	12	19	23	4	13	20	22
B22	8	8	12	2	18	32	5	7	13	13
B23	5	22	0	21	11	7	7	14	23	7
G05	3	5	4	11	14	10	14	11	12	18
B01	3	6	5	12	4	11	6	11	18	15
F16	1	2	0	4	5	7	23	20	17	5

（七）大连民族大学

1. 前 10 个 IPC 技术领域分布

图 4-28 是 2009—2018 年大连民族大学前 10 个 IPC 技术领域分布情况，图中的百分比数是各个大类占大连民族大学前 10 个技术领域专利总量的比重。

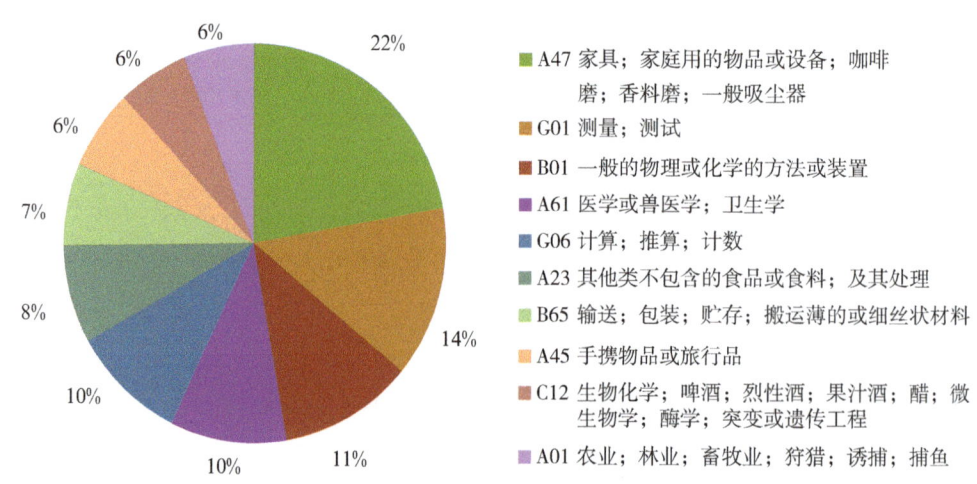

图 4-28 大连民族大学前 10 个 IPC 技术领域分布

第 4 章
基于专利的辽宁省科技创新区域竞争力现状分析

其中（表4-28），排名第一的是A47（家具；家庭用的物品或设备；咖啡磨；香料磨；一般吸尘器）类，专利数量为381件，占大连民族大学十年间整个专利总数的13.20%，说明大连民族大学在这一类专利上投入较大。物理上的测量或计算、化学的方法或装置、医学、生物化学、农业等都有所涉及。

表 4-28 2009—2018 年大连民族大学前 10 个 IPC 技术领域专利申请量分布

IPC 大类	专利数/件
A47 家具；家庭用的物品或设备；咖啡磨；香料磨；一般吸尘器	381
G01 测量；测试	240
B01 一般的物理或化学的方法或装置	193
A61 医学或兽医学；卫生学	171
G06 计算；推算；计数	167
A23 其他类不包含的食品或食料；及其处理	137
B65 输送；包装；贮存；搬运薄的或细丝状材料	114
A45 手携物品或旅行品	112
C12 生物化学；啤酒；烈性酒；果汁酒；醋；微生物学；酶学；突变或遗传工程	105
A01 农业；林业；畜牧业；狩猎；诱捕；捕鱼	103

2. 前 10 个 IPC 技术趋势分析

图 4-29 是 2009—2018 年大连民族大学前 10 个 IPC 技术趋势分析，由图可看出大连民族大学在主要侧重的 10 个技术领域的演变过程和发展趋势，尤其在 2011—2013 年，整体专利申请量大幅提高，特别是在 A47 大类上，专利申请量陡然翻倍。

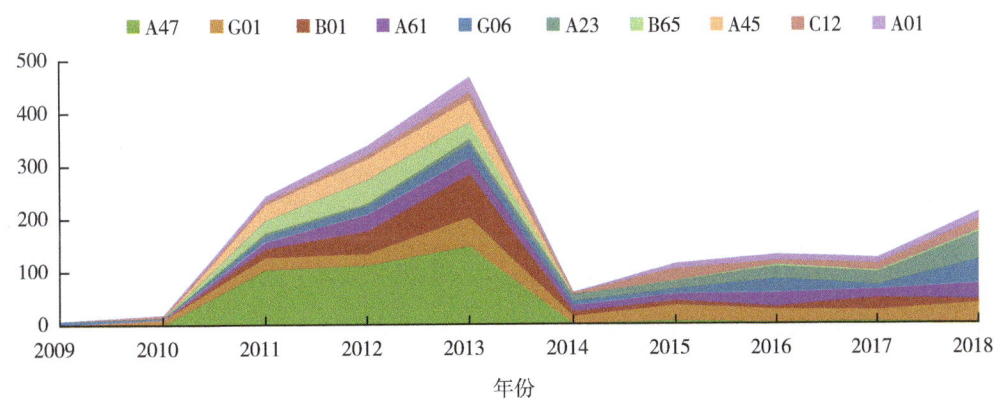

图 4-29 2009—2018 年大连民族大学前 10 个 IPC 技术趋势分析

表 4-29 是 2009—2018 年大连民族大学前 10 个 IPC 技术趋势分析，表中大连民族大学的前 10 个 IPC 技术领域中，除了 G01 和 G06 外，其余大类在 2009 年还没有专利申请，经历了一个从无到有的过程。

表 4-29　大连民族大学前 10 个 IPC 技术趋势分析

单位：件

IPC 大类	2009 年	2010 年	2011 年	2012 年	2013 年	2014 年	2015 年	2016 年	2017 年	2018 年
A47	0	0	104	113	148	1	6	3	5	1
G01	1	10	24	22	55	14	30	25	21	38
B01	0	0	17	43	81	9	8	5	23	7
A61	0	1	13	31	31	11	13	26	16	29
G06	7	2	12	17	27	9	10	27	9	47
A23	0	0	4	3	8	12	14	23	23	50
B65	0	0	24	45	33	0	1	4	3	4
A45	0	0	30	39	42	0	0	0	1	0
C12	0	5	6	9	15	4	23	8	14	21
A01	0	1	10	17	29	0	10	11	10	15

（八）沈阳化工大学

1. 前 10 个 IPC 技术领域分布

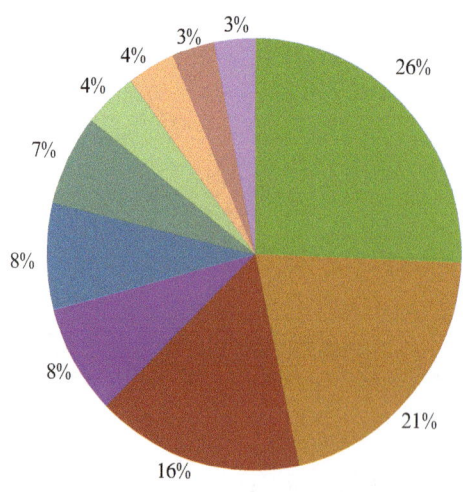

图 4-30　沈阳化工大学前 10 个 IPC 技术领域分布

第4章 基于专利的辽宁省科技创新区域竞争力现状分析

图 4-30 和表 4-30 给出了沈阳化工大学前 10 个 IPC 技术领域分布，沈阳化工大学技术领域排名前 10 的大类依次为 C08、C07、B01、G06、C09、C01、G01、C02、B29、F16，专利数分别为 417 件、342 件、264 件、134 件、130 件、111 件、68 件、61 件、55 件、52 件，分别占沈阳化工大学前 10 个技术领域总专利数的 25.52%、20.93%、16.16%、8.20%、7.96%、6.79%、4.16%、3.73%、3.37%、3.18%。

表 4-30 为 2009—2018 年沈阳化工大学前 10 个 IPC 技术领域专利申请量分布，沈阳化工大学前 10 个 IPC 技术领域专利共计 1634 件，主要集中在 C 部化学上，有 C08、C07、C09、C02、C01 5 个大类，占到整个沈阳化工大学专利量的 37.45%。

表 4-30 2009—2018 年沈阳化工大学前 10 个 IPC 技术领域专利申请量分布

IPC 大类	专利数/件
C08 有机高分子化合物；其制备或化学加工；以其为基料的组合物	417
C07 有机化学	342
B01 一般的物理或化学的方法或装置	264
G06 计算；推算；计数	134
C09 染料；涂料；抛光剂；天然树脂；黏合剂；其他类目不包含的组合物；其他类目不包含的材料的应用	130
C01 无机化学	111
G01 测量；测试	68
C02 水、废水、污水或污泥的处理	61
B29 塑料的加工；一般处于塑性状态物质的加工	55
F16 工程元件或部件；为产生和保持机器或设备的有效运行的一般措施；一般绝热	52

2. 前 10 个 IPC 技术趋势分析

图 4-31 2009—2018 年沈阳化工大学前 10 个 IPC 技术趋势分析，可以看出，2016 年专利量达到顶峰，2017 年和 2018 年两年的专利申请量下降比较快，这与专利审查滞后期有关。图中有一块绿色和一块紫色面积较突出，说明专利申请量较多，分别代表的是化学和冶金部下的 C08（有机高分子化合物；其制备或化学加工；以其为基料的组合物）大类在 2016 年的专利申请数量为 146 件；物理部下的 G06（计算；推算；计数）在 2014 年的专利申请数量为 84 件。

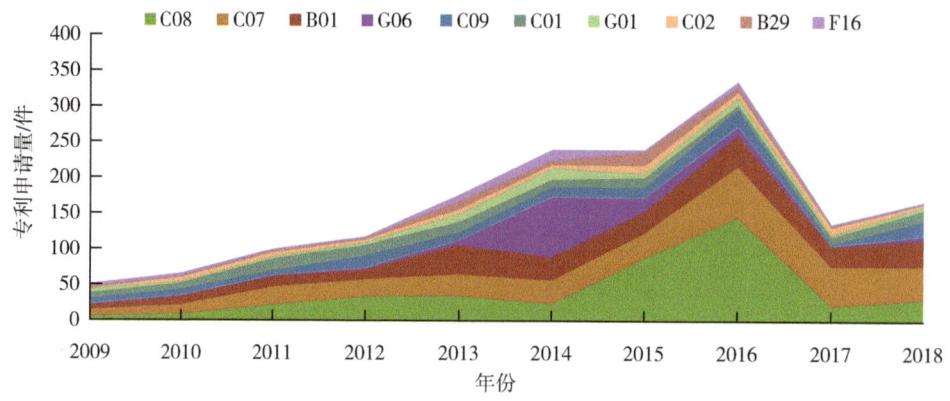

图 4-31 沈阳化工大学前 10 个 IPC 技术趋势分析

表 4-31 是 2009—2018 年沈阳化工大学前 10 个 IPC 技术趋势分析，表中沈阳化工大学的前 10 个 IPC 技术领域十年间平均增长率分别为 C08 大类 56.56%、C07 大类 26.13%、B01 大类 33.65%、G06 大类 210.97%、C09 大类 77.78%、C01 大类 19.65%、G01 大类 31.69%、C02 大类 62.31%、B29 大类 50.37%、F16 大类 39.72%，其中 G06 大类在 2014 年激增，从个位数达到十位数，其余大类增长率均为两位数。

表 4-31 2009—2018 年沈阳化工大学前 10 个 IPC 技术趋势分析

IPC 大类	2009 年	2010 年	2011 年	2012 年	2013 年	2014 年	2015 年	2016 年	2017 年	2018 年
C08	6	9	22	34	35	24	88	146	22	31
C07	9	13	25	24	30	33	36	71	55	46
B01	7	12	15	14	42	33	30	44	29	38
G06	1	1	1	2	6	84	19	13	1	6
C09	8	9	7	17	12	14	15	24	3	21
C01	7	8	16	15	14	10	13	5	9	14
G01	6	2	3	4	11	16	6	11	3	6
C02	1	6	6	4	7	5	11	8	10	3
B29	2	2	3	2	11	6	19	7	2	1
F16	4	4	2	2	9	15	3	8	3	2

第4章
基于专利的辽宁省科技创新区域竞争力现状分析

（九）中国科学院金属研究所

1. 前10个IPC技术领域分布

图4-32是2009—2018年中国科学院金属研究所前10个IPC技术领域分布，扇形面积越大代表专利数量越多，各大类的专利数量顺时针依次递减。

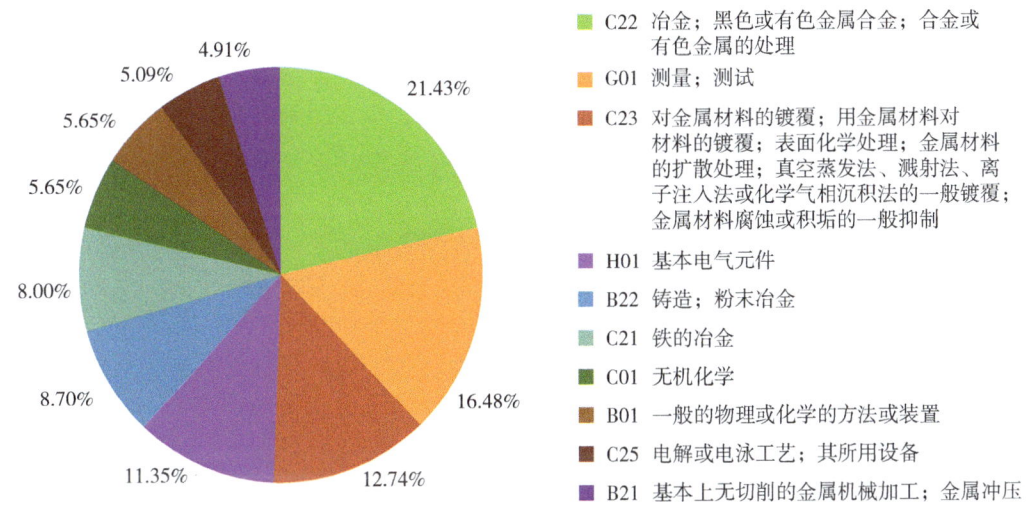

图4-32　2009—2018年中国科学院金属研究所前10个IPC技术领域分布

表4-32为2009—2018年中国科学金属研究所前10个IPC技术领域专利申请量分布，由表可知，中国科学院金属研究所前10个IPC技术领域主要集中分布在四大部，C部、G部、H部和B部。C部为化学和冶金，共计1217件专利，占中国科学院金属研究所整个专利申请量的49.13%，其中有五大类，分别是C22（冶金；黑色或有色金属合金；合金或有色金属的处理）类，有493件专利，占中国科学院金属研究所整个专利申请量的19.90%；C23（对金属材料的镀覆；用金属材料对材料的镀覆；表面化学处理；金属材料的扩散处理；真空蒸发法；溅射法；离子注入法或化学气相沉积法的一般镀覆；金属材料腐蚀或积垢的一般抑制）类，有293件专利，占中国科学院金属研究所整个专利申请量的11.83%；C21（铁的冶金）类，有184件专利，占中国科学院金属研究所整个专利申请量的7.43%；C01（无机化学）类，有130件专利，占中国科学院金属研究所整个专利申请量的5.25%；C25（电解或电泳工艺；其所用设备）类，有117件专利，占中国科学院金属研究所整个专利申请量的4.72%。G部物理的G01（测量；测试）类，有379

件，占中国科学院金属研究所整个专利申请量的15.30%。H部电学的H01（基本电气元件）类，有261件专利，占中国科学院金属研究所整个专利申请量的10.54%。B部作业和运输的B22（铸造；粉末冶金）类，有200件专利，占中国科学院金属研究所整个专利申请量的8.07%；B01（一般的物理或化学的方法或装置）类，有130件专利，占中国科学院金属研究所整个专利申请量的5.25%；B21（基本上无切削的金属机械加工；金属冲压）类，有117件，占中国科学院金属研究所整个专利申请量的4.72%。

表4-32 中国科学院金属研究所前10个IPC技术领域专利申请量分布

IPC大类	专利数/件
C22 冶金；黑色或有色金属合金；合金或有色金属的处理	493
G01 测量；测试	379
C23 对金属材料的镀覆；用金属材料对材料的镀覆；表面化学处理；金属材料的扩散处理；真空蒸发法、溅射法、离子注入法或化学气相沉积法的一般镀覆；金属材料腐蚀或积垢的一般抑制	293
H01 基本电气元件	261
B22 铸造；粉末冶金	200
C21 铁的冶金	184
C01 无机化学	130
B01 一般的物理或化学的方法或装置	130
C25 电解或电泳工艺；其所用设备	117
B21 基本上无切削的金属机械加工；金属冲压	113

2. 前10个IPC技术趋势分析

图4-33为2009—2018年中国科学院金属研究所前10个IPC技术趋势分析。在2016年有一个增长点，其他年份都保持平稳。

表4-33为2009—2018年中国科学院金属研究所前10个IPC技术趋势分析，表中中国科学院金属研究所的前10个IPC技术领域平均增长率分别为C22大类11.65%，G01大类19.81%，C23大类0.62%，H01大类14.75%、B22大类5.27%，C21大类22.24%，C01大类8.03%，B01大类11.63%，B25大类13.36%，E04大类14.03%。

第4章 基于专利的辽宁省科技创新区域竞争力现状分析

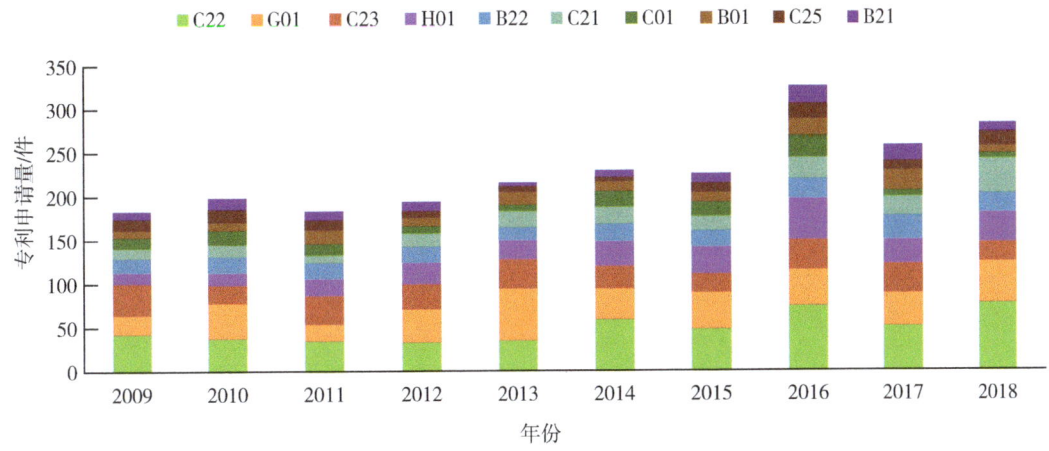

图 4-33 2009—2018 年中国科学院金属研究所前 10 个 IPC 技术趋势分析

表 4-33 2009—2018 年中国科学院金属研究所前 10 个 IPC 技术趋势分析

IPC 大类	2009 年	2010 年	2011 年	2012 年	2013 年	2014 年	2015 年	2016 年	2017 年	2018 年
C22	43	38	35	33	35	59	48	74	51	77
G01	22	40	19	38	59	35	41	41	37	47
C23	36	21	33	29	34	26	22	35	34	23
H01	13	14	19	24	22	29	31	47	28	34
B22	16	19	19	19	15	20	19	23	28	22
C21	11	13	8	15	18	19	16	24	21	39
C01	13	17	13	8	7	18	16	25	7	6
B01	8	9	16	10	15	11	11	19	23	8
C25	13	15	12	8	7	5	11	18	11	17
B21	9	13	10	10	4	8	11	20	18	10

（十）大连海事大学

1. 前 10 个 IPC 技术领域分布

图 4-34 是 2009—2018 年大连海事大学前 10 个 IPC 技术领域分布情况。大连海事大学的技术领域排名第一的是 G01（测量；测试）大类，占比 26%；其次是 G06（计算；推算；计算）大类，占比 18%；排名第三的是 B63（船舶或其他水上船只；与船有关的设备）大类，占比 10%。

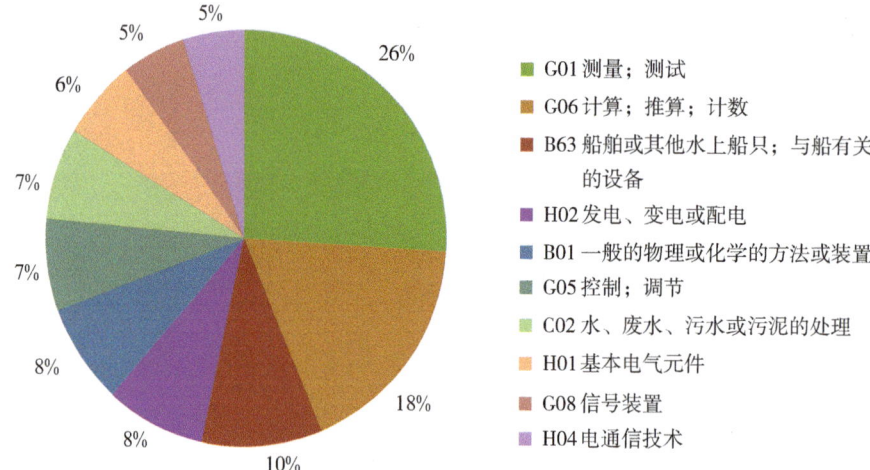

图 4-34　2009—2018 年大连海事大学前 10 个 IPC 技术领域分布

表 4-34 是 2008—2019 年大连海事大学前 10 个 IPC 技术领域专利申请量分布，物理部下的 G01（测量；测试）大类有 428 件专利，占整个海事大学专利数的 18.43%，G06（计算；推算；计数）大类有 292 件专利，占整个海事大学专利数的 12.58%。大连海事大学的专利技术领域还分布在 B63 大类、H02 大类、B01 大类、G05 大类、C02 大类、H01 大类、G08 大类、H04 大类上。

表 4-34　2009—2018 年大连海事大学前 10 个 IPC 技术领域专利申请量分布

IPC 大类	专利数/件
G01 测量；测试	428
G06 计算；推算；计数	292
B63 船舶或其他水上船只；与船有关的设备	161
H02 发电、变电或配电	133
B01 一般的物理或化学的方法或装置	130
G05 控制；调节	117
C02 水、废水、污水或污泥的处理	117
H01 基本电气元件	105
G08 信号装置	84
H04 电通信技术	83

第 4 章 基于专利的辽宁省科技创新区域竞争力现状分析

2. 前 10 个 IPC 技术趋势分析

图 4-35 是 2009—2018 年大连海事大学前 10 个 IPC 技术趋势分布情况。由图可知，除 2012 年和 2015 年专利申请量有所下降外，其余年份基本呈上升趋势。

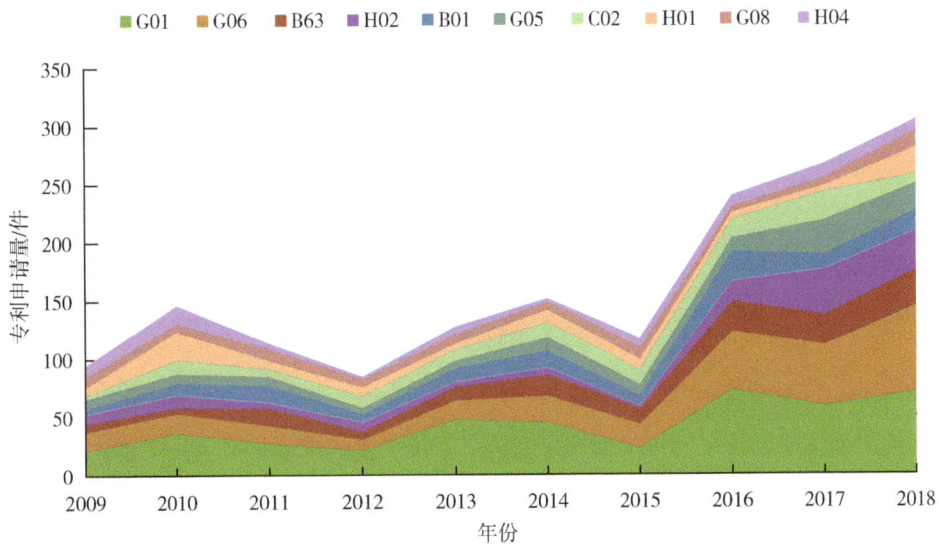

图 4-35　2009—2018 年大连海事大学前 10 个 IPC 技术趋势分析

表 4-35 为 2009—2018 年大连海事大学前 10 个 IPC 技术趋势分析，表中大连海事大学的前 10 个 IPC 技术领域平均增长率分别为 G01 大类 30.67%、G06 大类 42.68%、B63 大类 75.49%、H02 大类 43.72%、B01 大类 17.20%、G05 大类 21.91%、C02 大类 29.19%、H01 大类 65.97%、G08 大类 41.51%、H04 大类 −170.21%，其中 H01 大类增长最快，接近百分之百，其余大类增长率均为两位数（H04 大类除外）。

表 4-35　大连海事大学前 10 个 IPC 技术趋势分析

IPC 大类	2009 年	2010 年	2011 年	2012 年	2013 年	2014 年	2015 年	2016 年	2017 年	2018 年
G01	22	37	28	22	48	45	23	73	59	71
G06	16	17	15	9	16	23	20	50	52	74
B63	7	5	15	7	12	18	14	26	26	31
H02	8	11	5	8	4	6	2	17	39	33
B01	5	10	15	7	12	15	9	26	13	18

续表

IPC 大类	2009年	2010年	2011年	2012年	2013年	2014年	2015年	2016年	2017年	2018年
G05	8	8	7	5	6	11	9	11	29	23
C02	3	12	7	10	10	13	13	16	25	8
H01	7	24	7	8	5	11	9	6	5	23
G08	9	7	10	7	8	7	10	5	7	14
H04	10	16	5	2	7	3	8	10	12	10

第4节 辽宁省专利运营情况分析

科技成果的转移转化一直都受到高度关注，也一直是研究学者重点考察的指标对象。专利运营分析提供的是对专利权人的专利的转入和转出情况的分析。基于2009—2018年辽宁省区域内专利数据统计辽宁省专利转入转出情况，以期从专利的角度反映辽宁省的科技成果转移转化情况。

一、辽宁省专利转入情况分析

2009—2018年十年间辽宁省累计运营转入专利21 016次，占整个专利权的转移（转入+转出）的51.25%。在辽宁省专利转入排行榜上，排名居前10位的全部为企业，排名前三的分别是鞍钢集团下属的鞍钢集团矿业有限公司（1385次）、国家电网公司（908次）、中国北车股份有限公司（211）次，见表4-36。

表4-36　2009—2018年辽宁省专利转入TOP10排名

排名	名称	转入次数
1	鞍钢集团矿业有限公司	1385
2	国家电网公司	908
3	中国北车股份有限公司	211
4	大连华锐重工集团股份有限公司	181
5	大连橡胶塑料机械有限公司	187

续表

排名	名称	转入次数
6	中车大连电力牵引研发中心有限公司	180
7	中车大连机车研究所有限公司	134
8	大连华阳密封股份有限公司	106
9	松下压缩机（大连）有限公司	92
10	沈阳铝镁设计研究院有限公司	90

图 4-36 是鞍钢集团矿业有限公司的专利转入情况，其中有 1384 次来自鞍钢集团矿业公司、1 次鞍钢集团矿业化工原料储备厂；鞍钢集团矿业有限公司从鞍钢集团矿业公司转入 B03（用液体或用风力摇床或风力跳汰机分离固体物料、从固体物料或流体中分离固体物料的磁或静电分离、高压电场分离）大类的相关专利较多，共 148 件。

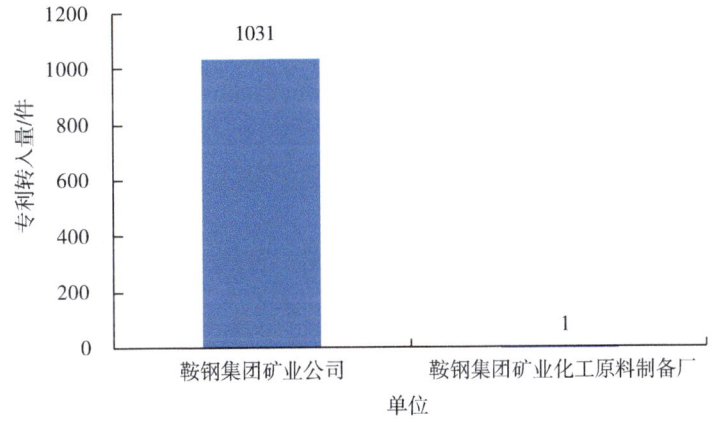

图 4-36　鞍钢集团矿业公司专利转入情况

转入国家电网公司的专利的专利权人类型比较多如图 4-37 所示，国家电网下的子公司转入，其他 14 家企业转入，3 家研究院所、高等院校等转入，转入的专利多是发电、变电或配电相关专利。

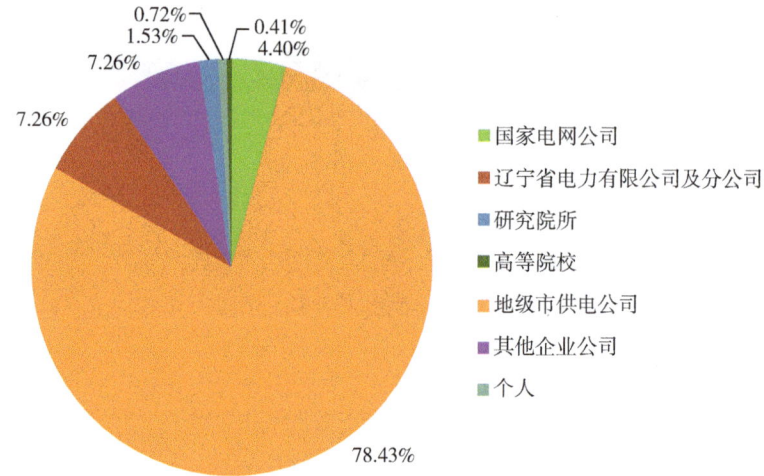

图 4-37　国家电网公司专利转入情况

如图 4-38 是中国北车股份有限公司 211 件专利全部由中国北车股份有限公司大连电力牵引研发中心转入，是与电通信技术、发电、变电或配电、铁路、控制调节相关的专利。

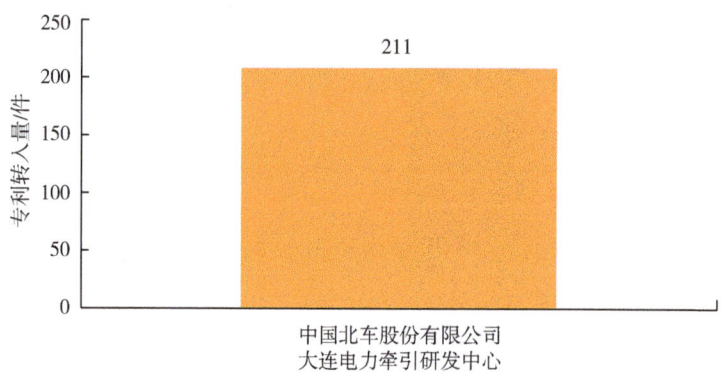

图 4-38　中国北车股份有限公司转入情况

二、辽宁省专利转出情况分析

以国家知识产权出版社发布的权威专利数据为依据，通过统计得出辽宁省 2009—2018 年专利转出次数累计达到 19 994 次，占整个专利权的转移（转入 + 转出）的 48.75%。在辽宁省专利转出排行榜上，排在居前 10 位的是 9 家企业和 1 所高等院校。排名前三的分别是鞍钢集团矿业公司（1406 次）、北车大连电力牵引研发中心有限公司（391 次）、大连橡胶塑料机械股份有限公司（187 次），见表 4-37。

第4章 基于专利的辽宁省科技创新区域竞争力现状分析

表 4-37 2009—2018 年辽宁省专利转出 TOP10

排名	名称	转出次数/次
1	鞍钢集团矿业公司	1406
2	北车大连电力牵引研发有限公司	391
3	大连橡胶塑料机械股份有限公司	187
4	大连华锐股份有限公司	173
5	中国北车集团大连机车研究所有限公司	159
6	大连兆和科技发展有限公司	150
7	大连华阳光大密封有限公司	106
8	大连理工大学	106
9	沈阳铝镁设计研究院	103
10	辽宁省电力有限公司沈阳供电公司	93

鞍钢集团矿业公司不仅专利转入次数排名第一，专利转出次数也排名第一，并且超出其他家非常多。鞍钢集团矿业公司转出的专利技术领域基本上集中在 B03（用液体或用风力摇床或风力跳汰机分离固体物料；从固体物料或流体中分离固体物料的磁或静电分离；高压电场分离）大类（图 4-39）。

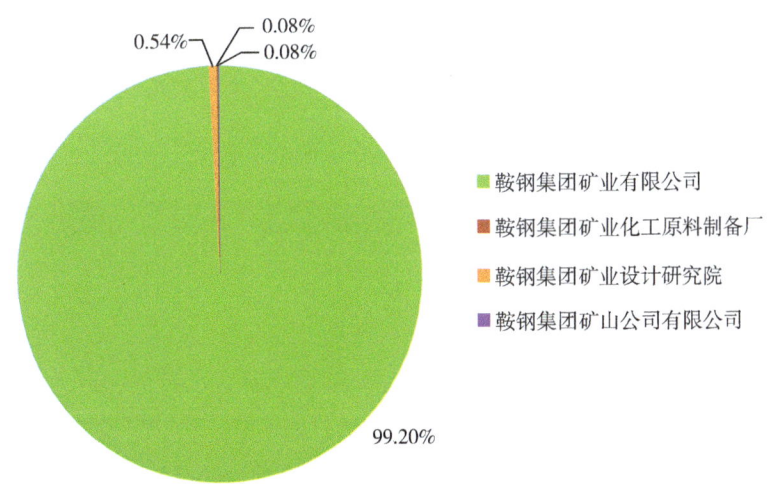

图 4-39 鞍钢集团矿业公司专利转出分布

中国北车股份有限公司的专利转出对象主要是中国北车股份有限公司和中车大连电力牵引研发中心有限公司。主要专利集中在电通信技术，发电、变电或配电，铁路，控制、调节等技术领域（图4-40）。

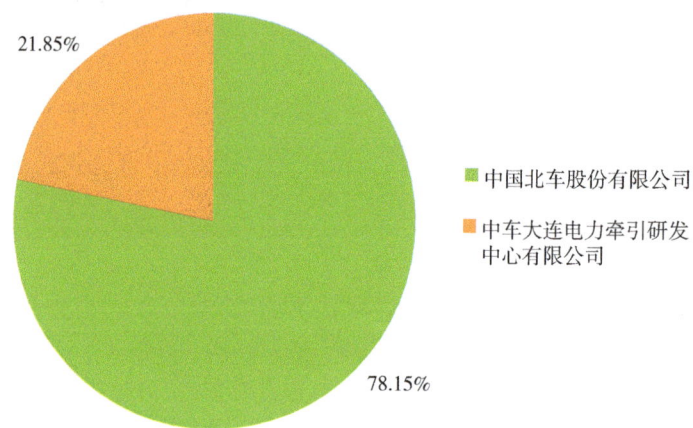

图4-40　北车大连电力牵引研发中心有限公司专利转出分布

大连橡胶塑料机械股份有限公司的转出对象比较单一，全部转给大连橡胶塑料机械有限公司，转出的专利的技术领域主要集中在B29（塑料的加工；一般处于塑性状态物质的加工）大类上（图4-41）。

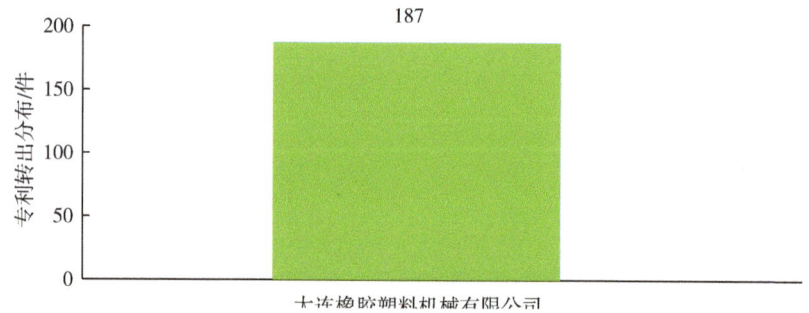

图4-41　大连橡胶塑料机械股份有限公司专利转出分布

三、辽宁省主要技术领域运营分析

从图4-42和表4-38中可以得到辽宁省在2009—2018年十年间发生专利转移次数最多的前10名技术领域分布情况。图4-41的柱体代表的是各个大类的专利数量，柱体越高专利数量越多，从左至右由多到少排列。

第4章
基于专利的辽宁省科技创新区域竞争力现状分析

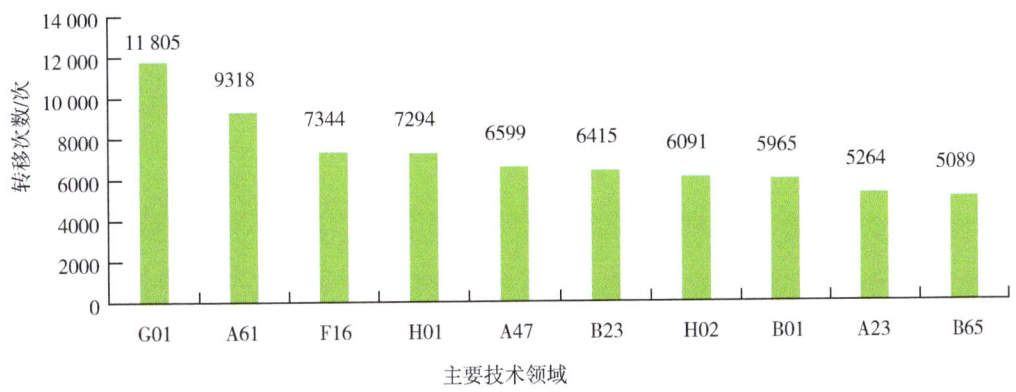

图 4-42 2009—2018 年辽宁省主要技术领域转移次数分布

排名前五的专利技术领域分别为 G01（测量；测试）大类 11 805 次，A61（医学或兽医学；卫生学）大类 9318 次，F16（工程元件或部件；为产生和保持机器或设备的有效运行的一般措施；一般绝热）大类 7344 次；H01（基本电气元件）7294 次；A47（家具；家庭用的物品或设备；咖啡磨；香料磨；一般吸尘器）大类 6599 次（表 4-38）。从专利的主要技术领域的转移运营情况可以看出辽宁地区在专利转移转化过程中在以上行业活跃度高，投入比例大。

表 4-38 2009—2018 年辽宁省主要技术领域转移次数分布

排名	IPC 大类	转移次数 / 次
1	G01 测量；测试	11 805
2	A61 医学或兽医学；卫生学	9318
3	F16 工程元件或部件；为产生和保持机器或设备的有效运行的一般措施；一般绝热	7344
4	H01 基本电气元件	7294
5	A47 家具；家庭用的物品或设备；咖啡磨；香料磨；一般吸尘器	6599
6	B23 机床；其他类目中不包括的金属加工	6415
7	H02 发电、变电或配电	6091
8	B01 一般的物理或化学的方法或装置	5965
9	A23 其他类不包含的食品或食料；及其处理	5264
10	B65 输送；包装；贮存；搬运薄的或细丝状材料	5089

第5节 辽宁省区域专利海外布局情况分析

一、辽宁省区域专利海外申请趋势情况分析

本节探讨的是辽宁省区域专利在海外的布局情况。以 Questel 公司出版的 Orbit 世界专利数据库数据为基础，检索条件为专利权人所属地区为 liaoning，共检索出 776 件有效受理专利。图 4-43 是辽宁省区域专利在海外申请趋势走向情况，在 2002 年、2008 年、2009 年、2011 年、2015 年、2017 年、2018 年这 7 年较上一年有所下降，其余年份都较上一年有所增加，但从总体上来看基本呈上升趋势，平均年增长率为 9.98%。

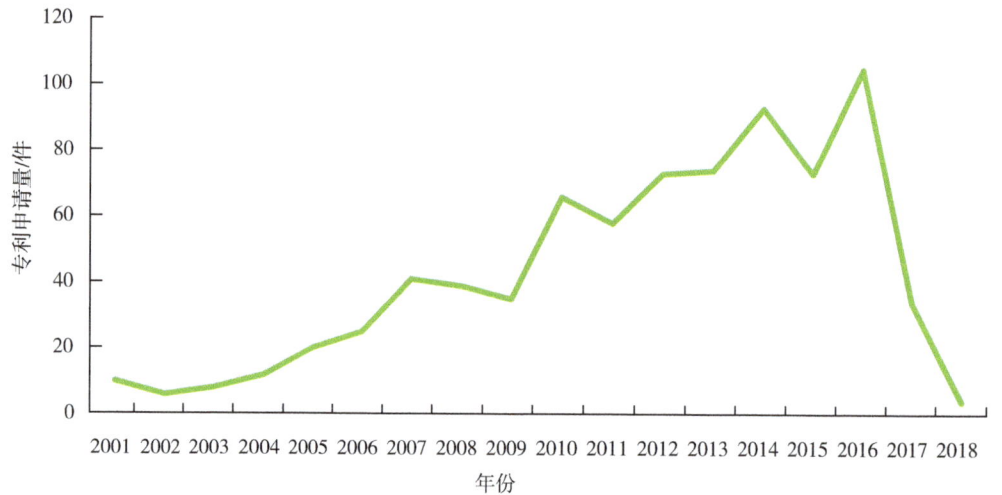

图 4-43　辽宁省区域专利海外申请趋势

二、辽宁省区域海外专利授权情况分析

图 4-44 是辽宁省区域海外专利授权状态，从图 4-44 可以得知，辽宁省区域海外有效受理专利中有 653 件专利已得到授权，占整个海外有效受理申请专利量的 84.1%，另外，还有 123 件专利正在审查申请中。

第4章
基于专利的辽宁省科技创新区域竞争力现状分析

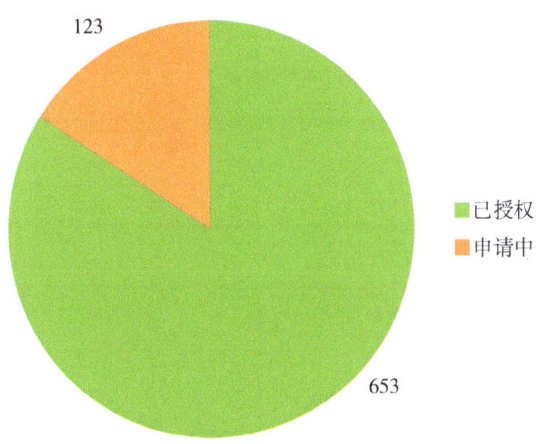

图 4-44　辽宁省区域海外专利授权状态

三、辽宁省区域专利海外申请分布情况分析

图 4-45 是辽宁省区域海外专利申请 TOP 10 国家和地区分布情况，辽宁省区域内在海外布局居第 1 位的国家是美国，共申请专利 498 件，占整个辽宁省区域海外专利申请量的 64.18%；居第 2 位的是欧洲，共申请专利 337 件，占 43.43%；居第 3 位的是日本，共申请专利 231 件，占 29.77%；居第 4 位是德国，共申请专利 153 件，19.72%；居第 5 位的是印度，共申请专利 145 件，占 18.69%。

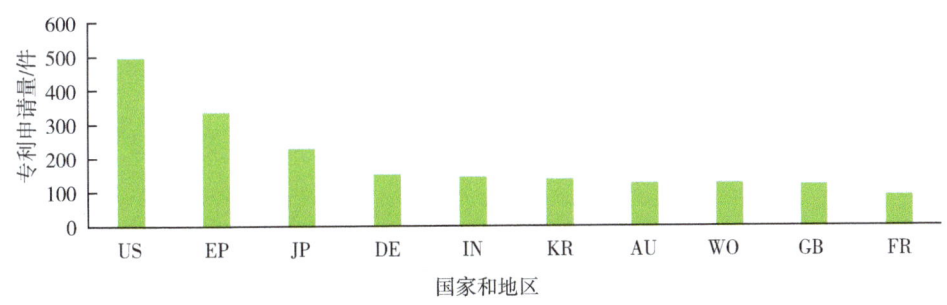

图 4-45　辽宁省区域海外专利申请 TOP 10 国家和地区分布

四、辽宁省区域海外专利申请人构成分析

图 4-46 是辽宁省区域海外专利申请人 TOP10 构成，排名前 5 位的申请人分别是大连理工大学 110 件专利，占比 28%；中国科学院大连物理化学研究所 109 件专利，占比

28%;东北大学33件专利,占比9%;中国石油化工股份有限公司28件专利,占比7%;东软集团18件,占比7%。可以看出省内专利在海外布局的大部分集中在高等院校和研究院所,其目的主要是为了技术占领、技术保护。而作为企业在国外申请专利相对较少,企业在海外专利布局的主要目的不仅是技术占领、技术保护,还是为了占领市场,遏制竞争对手抢占市场份额。

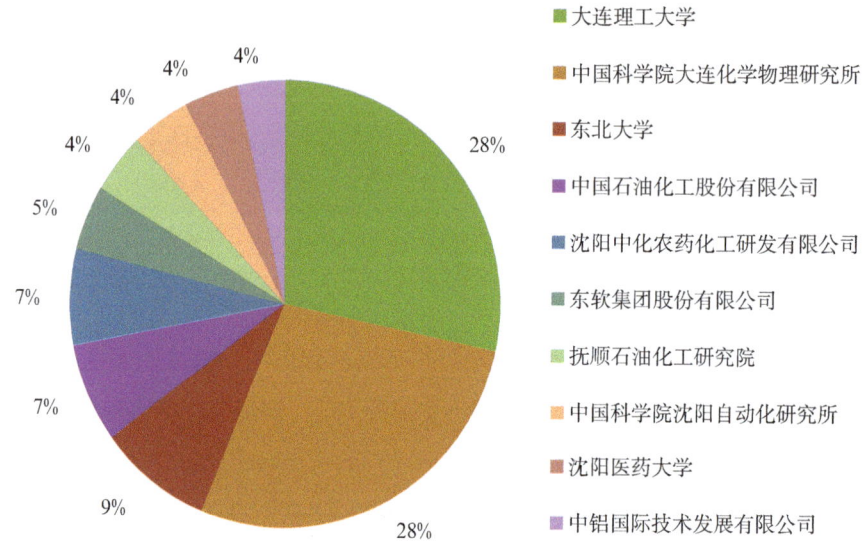

图 4-46　辽宁省区域专利海外 TOP10 申请人构成

五、辽宁省区域海外专利技术领域分布情况分析

图 4-47 是辽宁省区域海外专利技术领域前 10 位的分布情况。图 4-47 中柱体代表辽宁省区域海外专利技术领域大类的专利数量,柱体越高专利数量越多,从左至右专利数量依次递减。

表 4-39 为辽宁省区域海外专利前 10 位 IPC 分布,根据表 4-39 中的数据,可以看到排名最多的是化学和冶金部下的 C07D(杂环化合物)小类,共计专利 58 件,占比 7.47%;C07C(无环或碳环化合物)小类排名第二,共计专利 57 件,占比 7.35%;B01J(化学或物理方法,如催化作用、胶体化学、其有关设备)小类排名第三,共计 54 件专利,占比 6.96%;A61K(医学或兽医学、卫生学大类下的医用、牙科用或梳妆用的配制品)小类,共计专利 34 件,占比 4.38%;物理部下的 G06F(电数字数据处理)小类,共计专利 23 件,占比 2.96%;化学和冶金部下的 C01B(非金属元素、其化合物)小类,

共计 20 件专利，占比 2.58%；物理部下的 G01N（借助于测定材料的化学或物理性质来测试或分析材料）小类，共计 20 件专利，占比 2.58%；作业和运输部下的 B01D（分离）小类，共计 14 件专利，占比 1.80%；电学部下的 H01M（用于直接转变化学能为电能的方法或装置，如电池组）小类，共计 12 件专利，占比 1.55%；作业和运输部下的 B22D（金属铸造；用相同工艺或设备的其他物质的铸造）小类，共计 11 件专利，占比 1.42%。

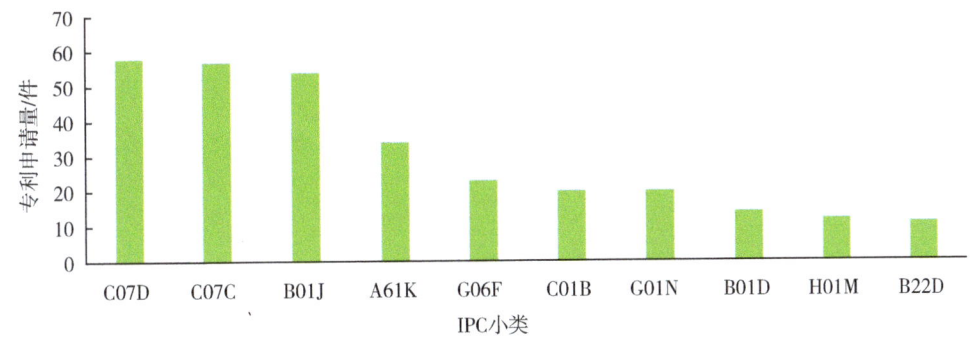

图 4-47　辽宁省区域海外专利 IPC 前 10 位的分布

表 4-39　辽宁省区域海外专利前 10 位的 IPC 分布

排名	IPC 小类	专利数量	占比	排名	IPC 小类	专利数量	占比
1	C07D	58	7.47%	6	C01B	20	2.58%
2	C07C	57	7.35%	7	G01N	20	2.58%
3	B01J	54	6.96%	8	B01D	14	1.80%
4	A61K	34	4.38%	9	H01M	12	1.55%
5	G06F	23	2.96%	10	B22D	11	1.42%

图 4-48 显示的是辽宁省区域海外专利技术领域分布密度情况，其中颜色越红代表专利数量越多，技术越集中，颜色越浅代表专利数量越少，技术越少。辽宁省区域海外专利的技术领域主要集中在前五名的分别是有机精细化学类（Organic fine chemistry）、化学工程类（Chemical engineering）、基础材料化学（Basic materials chemistry）、材料和冶金（Materials and metallurgy）、药品（Pharmaceuticals），专利数分别为 174 件、165 件、121 件、108 件、101 件。

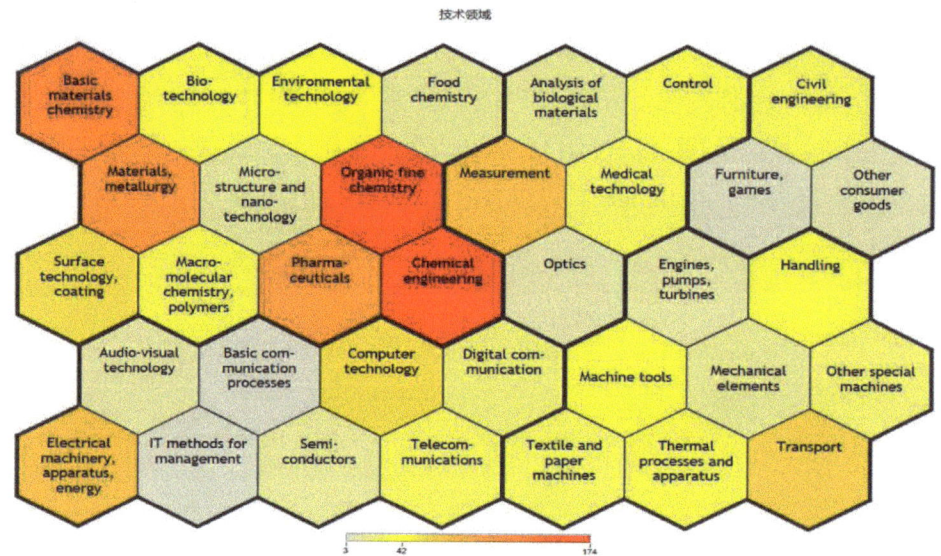

图 4-48　辽宁省区域海外专利技术领域分布密度（引自 ORBIT 分析系统）

本章小结

　　本章从多个角度、多个维度，多重指标、多重数据，不同层次、不同视野，具体剖析了辽宁地区专利的分布情况，以专利为科技创新成果，佐证科技创新竞争力的现状表现。通过分析，辽宁省各地级市专利申请和授权量整体呈逐年上升趋势，揭示出辽宁省各地区以沈阳市和大连市领跑专利申请量和授权量，展现出辽宁省专利技术领域主要集中在测量和测试、医学或兽医学和卫生学大类上；描绘出辽宁省各地级市主要特色产业分布；分析出辽宁省专利申请人类型以企业为主、个人和高等院校为其次的结构类型，并详细分析了以鞍钢集团为企业代表、大连理工大学为高等院校代表、中国科学院大连化学物理研究所为研究院所代表等排名居前 10 位的申请人专利申请趋势和技术领域分布；罗列出辽宁省专利运营转入转出次数和转移主体排行榜；总结出辽宁省区域海外专利呈逐年上升的趋势走向，法律状态为 84% 的高比例授权比重，以美国、欧洲、日本居多的受保护国家分布，大连理工大学为首的海外专利申请人构成，技术领域集中在化学部的布局情况。

第 5 章
辽宁省科技创新区域竞争力分析结论和对策建议

第 1 节　分析结论

　　创新是引领发展的第一动力，是建设现代化经济体系的战略支撑，也是加快建设创新型国家（地区）的战略部署。通过对大数据的采集、整理、分析，结合专家智慧，对比研究区域间的科技创新竞争能力，找出区域的优势与劣势，为决策者制定科学、合理的创新发展战略提供参考。

　　本书以辽宁省为基点，以区域创新环境、区域创新体系、区域创新能力、区域创新效能为四大一级评价指标体系及国内生产总值（GDP），研究与试验发展（R&D）经费，院士工作地分布，国家重点实验室，省级重点实验室，国家工程技术研究中心，高新技术企业，重点高等院校，专利申请量，专利授权量，专利类型，专利密度，专利强度，专利效率，专利技术领域（IPC），专利运营，专利权人构成，专利海外布局18个细化二级指标为比较分析参数，以近期国家和地方统计局官方统计数据和国家知识产权出版社权威专利数据库的数据为依据，与全国内地其他30个省（区、市）围绕科技创新区域竞争力进行了深入的比较分析。从统计分析相关数据的结果中了解全国各地区经济和科研投入与产出的状况，并得出辽宁地区创新能力和创新投入产出在全国所处的位置，即辽宁省在GDP、人均GDP、研究与试验发展（R&D）经费、研究与试验发展（R&D）经费投入强度、高新企业数量5个方面排在全国中间位置，分别处于全国的第14位、第13位、第16位、第11位和第14位；在辽宁工作的两院院士、国家重点实验室、国家工程技术中心、"985"高等院校、"211"高等院校、"双一流"高等院校6个方面全国排位比较靠前，分别处于第7位、第10位、第10位、第5位、第7位和第10位。同时以专利的投入与产出为评价指标，分析得出辽宁省区域创新能力在全国31个省（区、市）（不含港澳台）处于中间位置，如专利申请量排名居第16位，专利授权量排名居第17位，并以申请量和授权量的平均年增长率9.78%和4.10%呈现出一个逐年上升的趋势；通过对专利技术领域（IPC）分布分析，可以看出辽宁地区的特色支柱产业创新水平与经济发达地区还有一定的差距；区域创新效能上，辽宁省位于全国中下游，专利密度、强度、效率分别排在第14、第14、第21位；辽宁省专利转入转出次数相对较低，体现专利成果转化率较低；从辽宁地区的专利海外市场布局看，辽宁省海外专利布局力量单薄，并且主要以省内高等院校与科研院所为主体，省内企业专利在海外布局较弱，说明省内企业走入国际市场的意识不强，产品缺乏国际竞争力；针对辽宁区域地级市间的评价分析，得出辽宁省各地级市专利分布主要集中在沈阳市和大连市，这与地区经济、环境、文化等因素相关。

第2节 对策建议

通过对上述结论的分析，辽宁省在科技创新区域竞争力方面与国内发达地区存在很大差距，为缩小与发达地区之间的差距，我们提出以企业为创新主体，以人才为根本，打造良好科技创新环境，提升地区科技创新文化，建设完善的科技创新体系，激励科技创新精神，破解创新过程的瓶颈等对策与建议。

1. 完善创新政策法规体系建设，加强落实执行力度

在新业态、新模式、新技术、新产业不断涌现的新形势下，制定科学合理的地区科技创新政策法规，要在国家科技创新体系政策框架下，打破原有不适应市场经济体制的障碍，结合区域特色，了解创新主体的普遍需求，制定出对企业可持续发展有利的政策法规，为企业的科技创新和发展保驾护航。好的政策法规要充分落实执行，需打破部门间的利益格局，建议由省委省政府牵头，各部门通力合作，确保政策法规充分落实和执行。同时引入社会监督机制，赋予社会监督的权利，由社会和市场考量政策的执行情况，避免政策执行中出现偏颇，使政策在阳光下公开、公平、公正地落地生根。

2. 建设服务型政府，提升政府服务能力

在提升区域科技创新竞争力的进程中，政府应由管理中服务向服务中管理转变，放下官本位思想，把服务创新主体放在首位，甚至对有需求服务的企业选派科技特派员深入企业，协助企业进行科技创新和经营发展全程管理，为企业在无形资产融资、技术升

第5章 辽宁省科技创新区域竞争力分析结论和对策建议

级改造、技术引进、成果转化、参与市场竞争提供全方位、"保姆式"服务。真正打造亲民型、服务型政府，全面提升政府的服务效能。

3. 营造良好的营商环境，提升区域竞争力

良好的营商环境是一个国家（地区）经济软实力的重要体现，也是一个国家（地区）提高综合竞争力的重要元素。对于正处在产业升级改造的辽宁——由传统的重工业向战略新兴产业转型时期，只有打造稳定、开放、公平、可预期发展的营商环境，才能吸引更多的人才、资金、项目，才能为提升区域竞争力打下良好的基础。

4. 丰富地区文化生活，提高全民文化素养

只有加强文化环境建设，才能提升人们的幸福感。通过重塑历史悠久的文化产业，打造四季不同特色文化品牌，设计具有区域特色的文创产品，同时吸引国内外高端文化产业进驻辽宁，使多种形式的文化活动丰富人们的业余生活的同时，塑造人们的文化素养，增加人们生活的幸福感，增加人们对地区的宜居感，更能增加人们凝聚力和向心力。

5. 培育创新环境，激发创新活力

在良好的文化氛围基础上，吸引国内外高端科技人才、科研团队，不定期的为省内创新主体开展知识讲座、学术交流、科技展示等形式多样的前沿科普活动，使人们随时了解世界前沿科技发展动态，触动和激发人们创新意识和活力。

6. 以企业为主体，加强创新投入

企业的科技创新能力决定着一个地区创新驱动发展战略的成败和得失，企业的科研成果可以直接转化为生产力，直接影响地区的经济发展。加大企业创新投入，鼓励企业原创性的研发，以"专精特新"和可持续发展为目标，打造龙头企业和百年企业。培育和引进更多的高新技术企业，使辽宁成为一个区域创新的新兴产业高地。

7. 优化产业结构，加大新兴产业创新能力

辽宁老工业基地最初是靠牺牲自然资源和自然环境换来的经济增长点，产业集中度比较低，产业上下游链条衔接不完善，也不配套，生产能力在较低水平层次上过度扩张。政府应高瞻远瞩，不能以牺牲土地等自然资源而获得暂时的GDP增长。随着国家去产能、去库存、去杠杆、降成本、补短板等一系列供给侧结构性改革经济发展政策实施，辽宁面临着大规模产业结构转型难题。结合自身优势、地域特色，围绕辽宁地区九大新兴产业，以培育新动能、推动高质量发展为目标，培育和建设一批具有核心竞争力、上下游产业有机衔接的新兴产业集群，只有以发展高科技附加值产业，坚持可持续发展，才能凤凰涅槃浴火重生，才能提升区域特色产业的竞争优势。

8. 以人才为根本，以创造为动力

在科技创新区域竞争中，人才是首要的创新资源。尊重知识、尊重人才、尊重个性、尊重创新，弱化官本位，让人才有更多的话语权和活动权，营造良好的精进氛围和尝鲜的学术氛围，才能吸引更多的高端人才、激发人才创造活力。

9. 搭建合作桥梁，实现产学研一体发展

搭建产学研合作创新桥梁，推动企业与高等院校、科研院所的战略合作，以企业的科技研发为中心，探索企业出题、政府立题、协同解题的产学研合作创新机制，为企业的科技创新创造更好的条件，营造更优的氛围。实现地区产业优势、技术需求与国内外技术资源的高位嫁接，引导企业找准自身技术依托，形成一条依靠产学研合作、推进企业技术创新和产业发展的新路子。实现"一企一校""一企多校""多企一校"等合作模式，支持企业与科研机构共建产学研合作实体，建立多种形式的产学研创新联盟，使基础研究和应用研究有机结合。围绕地区产业发展需求，通过共建平台、联合攻关、专题对接、人才培养等形式的产学研活动，实施一批重大科技成果转化工程，加快培育一批具有原创性知识产权的关键技术和产品。

10. 加强省内区域间的协调合作，增强全省科技创新合力

由于省内区域间的基础环境差异，造成地区间经济发展不平衡。发挥各地区自身的特色优势，在产业转型初期，以经济发达地区带动相对落后地区协同创新发展，形成全省一盘棋的上下游合作产业链，加快区域协调发展，提升地区综合竞争力。

在国家供给侧结构性改革经济发展政策的驱动下，制定科学合理的区域经济发展战略，以营造良好的营商环境为前提，以吸引人才为根本，以市场为导向，以高科技产业发展为基础，是提升区域核心竞争力的有力保障。

参考文献

[1] 国家统计局社会科技和文化产业统计司，科学技术部创新发展司.中国科技统计年鉴—2017[M].北京：中国统计出版社，2017.

[2] 中华人民共和国国家统计局.2018中国统计年鉴[M].北京：中国统计出版社，2018.

[3] 张继良.中国区域竞争力研究[M].南京：东南大学出版社，2008，4

[4] THOMAS，P. A relationship between technology indicators and stock market performance[J].Scientometrics，2001，51（1）：319–333.

[5] MARINOVA，D，MCALEER，M. Trends and volatility in Japanese patenting in the USA: an analysis of the electronics and transport industries[J].Scientometrics,2002,55(2), 171–187.

[6] 申玉明.浅谈图书情报机构如何为企业提供信息咨询服务[J].科技情报开发与经，2007，17（2）：85–87.

[7] LIU S，YU S G，XIN G W. Chapter 50 research on evaluation method of ability of enterprise technology competition based on patent analysis[J]. Informatics and management science IV:2013（409）：417.

[8] 王志，柳东，王欢.辽宁产业机构与经济转型升级研究[J].合作经济与科技，2018（3）：4–7.

[9] 贾锦玉 何威.浅析辽宁省GDP增长的影响因素[J].现代营销（学苑版），2018（4）：117–117.

[10] 谭文华.福建省全社会R&D强度变化趋势、问题与对策探讨[J].科研管理，2007（1）：140–145.

[11] 陈沣，王燕，胡炜.安徽省专利产出与GDP的实证分析[J].现代商贸工业，2012

（8）：69-70.

[12] 权义柯.浅析我国专利质量现状及其提升对策[J].神州，2017（17）：191.

[13] 施学哲，杨晨.区域知识产权竞争力指标体系构建的探究[J].中国科技论坛，2010（12）：80-86.

[14] 王志，柳东，王欢.辽宁产业结构与经济转型升级研究[J].合作经济与科技，2018（2S）：4-7.

[15] 张静.石材加工及相关技术专利统计分析[J].石材，2012（5）：5-7.

[16] 张静，连丽艳.有关草莓研究的学位论文文献统计分析[J].东北农业科学，2019（1）：84-86.

[17] CHEN W C，LIN B W. Equity versus non-equity partnership strategies for leaders，challengers，and niche players[C]//2017 IEEE technology & engineering management conference: Temscon 2017，Santa Clara，California，USA，8-10 June 2017，2017：252-259.

[18] 李鸥."互联网+"时代咨询业创新发展方向[J].图书馆学刊，2015，37（11）：22-24.

[19] 李鸥，杜峰，白玲.浅谈我国信息咨询业的发展[J].科技与企业，2013，（18）：244.

[20] LEYDESDORFF L，ETZKOWITZ H，KUSHNIR D. Globalization and growth of US university patenting（2009—2014）[J].Industry & higher education，2016，30（4）：257-266.

[21] 张静，祝晓萍，连丽艳.基于中国科技成果数据库的石材研究文献统计与分析[J].石材，2018（5）：43-44，51.

[22] NANCY L. That was the year that was - patents，2002[J].Searcher，2003，11（4）：18-25.

[23] FURUKAWA R，GOTO K.Core scientists and innovation in Japanese electronics companies[J]. Scientometrics: an international journal for all quantitative aspects of the science of science policy，2006，68（2）：227-240.

[24] 霖，李鸥，杜峰.辽宁省科技创新资源共享服务平台建设研究[J].图书馆学刊，2014，36（1）：34-37.

[25] 戴磊，李彩霞.吉林省区域科技竞争力提升的对策与建议[J].现代情报，2012.

[26] "2018区域科技竞争力评价研讨会"发言精选[J].竞争情报,2018,14(06):7-8.

[27] 徐晨阳.中国各省份专利质量、专利效率及对经济增长影响的研究[D].山东:青岛科技大学,2018.

[28] 张静.基于学位论文数据库的石材学位论文统计与分析[J].石材,2016(8):57-60.

[29] 连丽艳,祝晓萍,张静,肖红.申请专利之查新技巧[J].内蒙古科技与经济,2018(8):57-60.

[30] 吴胜华,陈翔,秦正雨.安徽省专利制度运行绩效评估研究:基于"十一五"统计数据的实证分析[J].科技进步与对策,2012,29(23):114-118.

[31] 林恩丽.福建省战略性新兴产业专利优势行业分析[J].经管视点,2018,11:95-97.

[32] LACASA C D,GRUPP H,SCHMOCH U. Tracing technological change over long periods in Germany in chemicals using patent statistics[J].Scientometrics: an international journal for all quantitative aspects of the science of science policy,2003,57(2):175-195.

[33] 张立.湖北省专利战略管理:基于专利对经济增长关系研究[D].湖北:湖北大学,2017.

[34] 2018年中国专利调查报告[R].北京:国家知识产权局知识产权发展研究中心,2018.

[35] 罗天昊.大国诸城21世纪中国城市与区域竞争[M].杭州:浙江大学出版社,2012.

[36] 何燕子.中小企业集群区域竞争力研究[M].海口:海南出版社,2009.